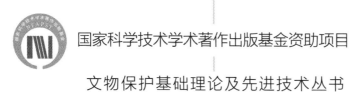
国家科学技术学术著作出版基金资助项目

文物保护基础理论及先进技术丛书

文物保护新论

New Introduction to Conservation

龚德才 / 著

中国科学技术大学出版社

内容简介

本书为国家科学技术学术著作出版基金资助项目，以文物保护科学为主线，将文物保护理论体系中的专业术语、基本概念、科学问题、技术问题、工程问题以及文物保护学科属性等作为论述重点，针对文物保护领域研究基础薄弱、规范化和科学化水平有待提升等问题在详细、深入分析与梳理的基础上给出了一定的解决办法。本书对厘清文物保护基本科学问题、合理构建文物保护理论体系，指导文物保护教学和文物保护实践活动有一定的现实意义。

图书在版编目(CIP)数据

文物保护新论/龚德才著. —合肥：中国科学技术大学出版社，2023.4
（文物保护基础理论及先进技术丛书）
国家科学技术学术著作出版基金资助项目
ISBN 978-7-312-05651-2

Ⅰ.文… Ⅱ.龚… Ⅲ.文物保护—研究　Ⅳ.G26

中国国家版本馆 CIP 数据核字（2023）第 062540 号

文物保护新论

WENWU BAOHU XIN LUN

出版　中国科学技术大学出版社
　　　安徽省合肥市金寨路96号，230026
　　　http://press.ustc.edu.cn
　　　https://zgkxjsdxcbs.tmall.com
印刷　合肥华苑印刷包装有限公司
发行　中国科学技术大学出版社
开本　710 mm×1000 mm　1/16
印张　11.5
字数　194千
版次　2023年4月第1版
印次　2023年4月第1次印刷
定价　58.00元

前　言

经过五十年的发展,我国文物保护事业发生了巨大变化。尤其是进入新世纪以来,文物保护事业发展迅猛,在研究成果、人才培养和文物保护项目实施等方面均取得了丰硕成果。就出版而言,每年出版论著有上百本之多,可谓成果喜人。但遗憾的是大多数出版物属于技术性成果专著,如保护修复报告、保护工程报告等,鲜有文物保护理论体系构建、学科建设、学术思想体系等理论性研究专著出版。《文物保护新论》一书的写作目的就是弥补此方面的不足,为促进文物保护理论体系构建和学科建设发挥作用。

本书共分为七章:第1章为绪论,主要介绍了截至2022年国内文物保护学科建设及发展现状。第2章为论文物保护基本概念,内容主要涉及文物保护专业术语的定义,以及文物保护专业术语体系创建。第3章为论文物保护理念与原则,此章详述了文物真实性和完整性内涵,并对可识别、可再处理等常用的文物保护基本原则进行了探讨。第4章为论文物保护基础理论,本书研究对象为作为物质实体的文物,即物质文化遗产而不是非物质文化遗产,因此有关文物保护的研究内容主要与物质科学相关,如化学、物理学、生物学、材料学等。不难理解,文物保护基础理论构建也只能依附于文物实体的物质结构,也就是通常所说的微观分子或原子等组成文物实体的基本单元的运动,通过文物实体质点模型初步创建了文物保护基础理论体系。第5章为论文物保护学科建设,本章以文物保护学科建设中的难点及制约瓶颈为探索重点,就文物保护学科的交叉属性、学科体系,以及文物保护与其他相关学科的区别进行了论述。第6章为论文物实体材料及文物保护材料。文物实体是由特定材料组成的,其中主要是古代材料,文物组成材料具有一定的特殊性。考虑到上述因素,怎样定义古代材料、古代材料的特殊属性和保护材料服役老化规律是本章论述的核心部分。第 7 章为论文物保护修复技术,这一章围绕文物保护修复中常遇到的保护修复目标、"修"与"复"的关系,以及修复中"度"的把握等重要问题,谈了笔者的认识。

《文物保护新论》中笔者重点关注于对"新"字的思考,力图为读者提供新的思想、新的视角和新的观点。此外,本书涵盖了大量创新性的内容,如首次提出文物保护领域的专业术语体系、古代材料的定义、文物本体与文物实体的定义与区别、文物保护学科体系和文物保护方法论等。

龚德才

2023 年 1 月

目 录

前言 ·· (ⅰ)

第1章 绪论 ·· (1)

第2章 论文物保护基本概念 ·· (4)

  2.1 文物保护专业术语体系 ·· (5)

    2.1.1 与文物保护专业基础有关的专业术语 ································ (5)

    2.1.2 与文物保护修复有关的专业术语 ······································ (18)

    2.1.3 与文物病害有关的专业术语 ·· (27)

  2.2 文物病害量化评估 ·· (33)

    2.2.1 文物实体病害术语溯源 ··· (33)

    2.2.2 文物病害可公度 ·· (34)

  2.3 文物信息 ··· (37)

    2.3.1 文物信息概述 ·· (37)

    2.3.2 文物信息的十大特点 ··· (39)

  2.4 文物预防性保护 ··· (41)

  2.5 文物过度修复 ·· (43)

  2.6 文物复制 ··· (46)

    2.6.1 部分文物信息的无法复制性 ·· (46)

    2.6.2 文物复制品与文物的区别 ··· (47)

    2.6.3 文物复制与文物信息转录 ··· (48)

    2.6.4 文物复制的重要性 ··· (49)

第3章 论文物保护理念与原则 (53)

3.1 文物的真实性 (54)
3.2 文物的完整性 (57)
3.2.1 完整性的基本概念 (57)
3.2.2 完整性的意义 (59)
3.2.3 完整性与真实性的关系 (59)
3.2.4 完整性与完整度的区别 (60)
3.3 最小干预原则 (61)
3.3.1 最小干预原则的概念 (61)
3.3.2 最小干预原则的形成及发展过程 (62)
3.3.3 最小干预原则的内涵 (65)
3.4 可再处理原则 (66)
3.5 可识别原则 (67)
3.6 风险管理原则分析 (69)
3.7 考古发掘现场文物保护的理念与实践 (71)
3.8 文化遗产保护与传统工艺 (74)

第4章 论文物保护基础理论 (81)

4.1 文物保护基础理论核心——文物实体质点模型 (83)
4.1.1 文物实体质点模型 (83)
4.1.2 环境因素与文物实体质点运动 (85)
4.2 文物保护基础理论框架 (87)
4.3 文物保护基本原理 (89)
4.3.1 文物实体回补修复理论 (89)
4.3.2 适用于粘连文物揭取的自分层理论 (90)
4.3.3 文物实体有害物的稳定化 (91)
4.3.4 文物实体材料孔隙 (92)
4.4 文物保护方法论 (95)
4.4.1 文物保护方法论的基础——"平衡"与"稳定" (95)
4.4.2 比较研究及参比样品的确定 (96)
4.4.3 文物保护研究常用方法 (98)
4.5 文物保护领域的科学问题 (100)

4.5.1　文物保护领域的关键科学问题 …………………………………（100）
　　4.5.2　文物保护科学问题、技术问题和工程问题的区别 ……………（101）
　　4.5.3　文物实体封护中的科学问题 …………………………………（102）
　4.6　文物保护领域的逻辑关系 ……………………………………………（105）

第5章　论文物保护学科建设 …………………………………………………（108）

　5.1　文物保护学科发展历程 ………………………………………………（109）
　　5.1.1　相关研究和教学机构 ……………………………………………（109）
　　5.1.2　学术团体和学术刊物 ……………………………………………（110）
　5.2　文物保护学科交叉性 …………………………………………………（112）
　　5.2.1　什么是交叉学科 …………………………………………………（113）
　　5.2.2　文物保护学科的交叉性有哪些 …………………………………（114）
　　5.2.3　文物保护学科是由哪些学科交叉形成的 ………………………（114）
　　5.2.4　交叉学科文物保护产生的背景 …………………………………（115）
　　5.2.5　人文社会科学和自然科学在文物保护学科中交叉的内在
　　　　　逻辑关系 …………………………………………………………（116）
　5.3　文物保护与其他相关学科的区别 ……………………………………（117）
　　5.3.1　文物保护的研究对象特殊性 ……………………………………（118）
　　5.3.2　文物保护的研究方法特殊性 ……………………………………（119）
　　5.3.3　文物保护的研究目的特殊性 ……………………………………（119）
　5.4　文物保护学科视野 ……………………………………………………（120）
　　5.4.1　文物实体平衡 ……………………………………………………（120）
　　5.4.2　文物实体累积损伤效应 …………………………………………（121）
　　5.4.3　文物实体组成材料分子图像 ……………………………………（123）
　5.5　文物保护学科体系 ……………………………………………………（124）
　5.6　文物保护学科建设面临的问题 ………………………………………（126）

第6章　论文物实体材料及文物保护材料 ……………………………………（129）

　6.1　文物实体材料与现代材料 ……………………………………………（129）
　　6.1.1　文物实体材料的定义与特征 ……………………………………（129）
　　6.1.2　文物实体材料的组成结构与变化形式 …………………………（130）
　　6.1.3　文物材料与现代材料的区别 ……………………………………（132）

6.2 文物实体材料系统的动态特征 ………………………………… (133)
6.2.1 文物本体材料系统与文物实体材料系统 ………………… (133)
6.2.2 文物实体材料系统变化的原因 …………………………… (133)
6.2.3 文物实体材料系统的动态特征的现实意义 ……………… (135)
6.3 文物实体材料中的伴生关系及伴生物 ……………………… (136)
6.3.1 伴生物的定义 ……………………………………………… (137)
6.3.2 伴生物的分类 ……………………………………………… (137)
6.4 文物实体材料劣化 ……………………………………………… (138)
6.4.1 文物实体材料的稳定性 …………………………………… (138)
6.4.2 文物实体材料的稳定性系统 ……………………………… (139)
6.4.3 文物实体材料劣化 ………………………………………… (140)
6.5 文物实体材料表界面研究 ……………………………………… (141)
6.5.1 文物实体材料表界面定义 ………………………………… (141)
6.5.2 文物实体材料表界面研究的重要性 ……………………… (142)
6.5.3 文物实体材料表界面的特点 ……………………………… (144)
6.6 文物保护材料的"服役"与"失效" ………………………… (146)
6.6.1 文物保护材料 ……………………………………………… (146)
6.6.2 文物保护材料的服役 ……………………………………… (147)
6.6.3 文物保护材料失效 ………………………………………… (148)

第7章 论文物保护修复技术 ……………………………………… (150)
7.1 文物保护三大目标 ……………………………………………… (150)
7.1.1 保证文物实体的稳定 ……………………………………… (151)
7.1.2 保证文物的真实性 ………………………………………… (152)
7.1.3 维护文物的完整性 ………………………………………… (152)
7.2 考古发掘现场文物保护研究 …………………………………… (153)
7.3 文物修复中"修"与"复"的关系 …………………………… (158)
7.4 文物修复中"自然现象"的保护修复对策研究 ……………… (161)
7.5 可重复性在文物保护实验中的地位和作用 …………………… (163)
7.6 书画装裱和旧裱 ………………………………………………… (165)
7.6.1 厘清书画原裱和旧裱的保护修复意义 …………………… (165)
7.6.2 书画装裱相关研究案例 …………………………………… (168)

后记 …………………………………………………………………… (174)

第 1 章 绪 论

据不完全统计,到 2022 年为止,我国开设有文物保护类专业或研究方向的高校共计 76 所。其中,有本科专业的 19 所,有硕士专业的 44 所,有博士专业的 15 所,高职高专类的 19 所,有本、硕、博在校学生已近四位数。文物保护教育事业正处于发展的黄金时期。除了新疆、海南、宁夏等少数地区外,全国大多数省份都有设置文物保护类相关专业或研究方向的高校,这一数字还在继续增加当中,高校数量排名前三的地区分别为北京、山东和陕西。

开展文物保护教学的高校对文物保护专业的叫法不一,包括文物保护、文化遗产保护、文物修复等,各自所占比例分别为 62%、20% 和 13%,它们大都被划归在历史学类、考古学类、文物与博物馆、美术学类(包括美术学、美术)、科学技术史这几类专业学科下。同时,文物保护专业所属院系也不尽相同,包括:文博学院(文化遗产学院),如北京大学、复旦大学等;历史(文化)学院,如南开大学、四川大学、郑州大学等;美术学院,如景德镇陶瓷大学、太原理工大学等;也有个别隶属于材料学院、工程力学学院等,如上海大学、兰州大学、西北工业大学等。

文物保护专业可授予的硕士学位主要有考古学、文物与博物馆(专业硕士)、科学技术史(理、工)、美术(专业硕士)等,学术硕士与专业硕士占比分别为 48% 和 52%。分析得知,单独开设文物保护学专业方向硕士的高校极少,大部分与博物馆学、科技考古、文物鉴定专业合并开设;美术学院多开设文物修复专业,如清华大学美术学院、中央美术学院、南京艺术学院等;开设科学技术史专业的,其被划归单位差异较大,包括艺术学院、包装工程学院、民族社会学院、政法学院等众多院系。

全国本科开设文物保护专业的高校共19所,专业名称多为文物保护技术,专业代码为060105T,隶属于历史学类。一些独立本科类高校单独开设了文物保护与修复专业,如上海视觉艺术学院等。高职高专类院校开设专业为文物修复与保护专业,相对侧重于修复技术教学。个别院校还开设有专项类文物修复专业,如古籍修复、壁画修复、陶瓷器修复和青铜器修复等。由于各类科研院所在文物保护研究方向的招生情况统计较为困难,因此该方面数据未计入本次统计范围。

近十年来,由于办学单位数量增加过快,文物保护教学现状较为混乱,其主要表现在:一是培养目标不统一,若以培养学生文物保护技术为目标,受时间所限,无法开设大量实践培训课程,学生往往难以掌握技术的精髓;若旨在开展理论知识的教授,其涉及内容涵盖化学、材料、生物学、地质学、历史学、考古学等多学科知识,所培养出的人才类型较为模糊。二是教学内容不规范,因为培养目标不明确,教学内容略显"混杂",各校侧重点差异较大。三是专业挂靠院系有文有理,有的设在理科学院名下,有的学位点设在文科或艺术学院,这样导致学生生源和学科背景复杂,给规范教学带来了极大困难。产生"乱"象的原因,首先是学科建设不完善,文物保护知识体系未建立;其次是文物保护专业教师严重缺乏,文物保护专业性强,对教师有特殊要求;最后就是行业较为冷门,难以吸引人才。针对以上问题,主要解决办法就是加强文物保护学科建设,创建具有文物保护特色的知识体系并出版相应教材,教学单位应打造学科知识合理的专业教师队伍,制定统一的培养目标和课程体系。

上述文物保护教学之"乱"象并非贬义。此之"乱"象是文物保护教学发展、前进中的问题,亦是"成长的烦恼"。反观十多年前仅有几所学校开办文物保护专业时的情景,想乱也未必能乱。眼下的"乱象"是否预示着文物保护专业发展即将由量变进入质变?是否将进入更高层次发展阶段?笔者认为答案为"是"。

近40年来,中国文物保护事业获得了巨大发展,取得了长足进步。尤其在文物保护科学研究领域,大量高学历、跨学科的新型人才进入文物保护科研一线,极大提升了文物保护科研团队的研究水平。各地新建的文物保护科研大楼、购置的先进大型仪器设备为科研工作提供了良好的硬件条件。多个国家级文物保护重点课题得以顺利实施,为文物保护下一阶段工作的良好开展打下了扎实基础。与此同时,文博单位与大学、科研院所的学术交流日益频繁,初步建成了"科研基地+工作站"的科研模式,此种以科研基地为辐射中心的二级科研体制推动了针对一大批珍贵文物的保护工作,为我国文物保护事业的发展作出了巨大贡献。珍贵文物得以保护是民族之幸,是国家之幸,亦是功在世界文明传承与发展的必然之举。

文物保护与现代医学相比,有许多相似之处。文物的实验室保护相当于内科医学,传统文物修复可被比作外科医学,文物预防性保护与预防医学相似,文物保护基础研究等同于文物保护领域内的基础医学。若将国家文物局文物保护重点科研基地比作行业内的三等甲级医院,围绕科研基地组建的工作站则类似于县医院或社区医院。目前已经可以做到"文物小病"在工作站内"医治","大病"则由科研基地进行"治疗"。但因体制中缺少支撑基础研究的"医学院",导致基础研究薄弱引发的问题日益突出,如文物病害机理不明、保护材料作用机制不清晰、缺少特色的专业基础理论、新设课题缺少创新思路等重大问题,这严重制约了文物保护事业的发展。这归根结底是基础研究薄弱,缺乏创新性突破,致使文物保护科研工作也难有长足发展。

文物保护基础医学院的主要任务是解决行业内的基础研究问题:一是文物组成材料的作用与功能,二是文物病害的发生、发育机理,三是文物保护材料的理论设计,四是构建具有专业特色的文物保护理论体系。文物保护基础医学院的研究工作可以引领行业的发展,解决制约行业发展的瓶颈问题。由于国外的基础研究也很薄弱,因此,基于我国丰富的文物资源的文物保护理论研究有可能使我国成为引领全球文物保护事业发展的重要力量。因而,建立文物保护基础医学院具有重要的现实意义。文物保护基础医学院(即文物保护科学基础研究中心)专业人员,应能站在国家的高度,用全球视野、开放的心态和时代发展的战略眼光,引领文物保护事业的未来。

总之,文物保护事业的发展,人才是关键,加强文物保护教学是培养人才的重要途径。文物保护领域需要建立完备的理论体系,配备系统教材,从理论和实践两方面培养高水平、全方位的复合型专业人才,以支撑文物保护事业的可持续发展,使我国数以亿计的珍贵文物得到科学、有效的保护。

第 2 章 论文物保护基本概念

由于缺乏文物保护的基础理论,迄今为止,文物保护给人的印象只是一门技术学科。虽说已经探索形成了一套适用于我国文物保护的实践方法,但理论研究的缺乏使得我国至今仍没有建立起独立、完善、针对中国文化遗产特点的文物保护基础理论。上述发展困境出现的原因之一是没有建立起文物保护领域的专有术语和概念体系,文物保护基本概念模糊不清,某些概念在行业内仍存在很多争论,至今未能达成共识。目前文物保护领域使用的术语、概念很多,但是大多缺乏明确的科学定义,甚至包括对于文物保护具有关键意义的若干基础概念和基础性问题,如"脆弱"的科学定义、"过度修复"的界定,对上述概念的理解大多处在一种约定俗成、人云亦云、不作深究、不求甚解的状况。随着文物保护事业发展,文物保护行业与其他行业的交流日益增多,构建文物保护专业术语体系既十分必要,亦非常重要。

在文物保护研究领域,需要定义的专业术语有很多,如文物的状态、考古残留物、考古残存物、文物实体、文物本体、文物实体病害可公度等。此外,对于文物病害、文物信息、文物预防性保护、文物过度修复以及文物复制等相关基础概念,不仅需要定义,更需要进一步探究其内在涵义。推动文物保护领域专业术语的科学化建设、对文物保护基本概念的深入解读是文物保护基础研究的重点内容之一,是建立文物保护基础理论的必要条件,属于文物保护基础的基础。对其进行深入研究有利于行业研究水平的提升,也便于与其他领域的科研人员交流,共同促进文物保护事业的发展。

文物保护专业术语体系是群体性共识,最终需要得到全行业的认可,这决定了文物保护专业术语体系必须是集体智慧的结晶。因此,此项工作需要行业同仁的共同努力才能完成,希望笔者的工作能够起到抛砖引玉的效果,引起更多人的关注,齐心合力建立一套满足文物保护行业要求的文物保护专业术语体系。

2.1 文物保护专业术语体系

长期以来,在文物保护和考古等与文物相关的领域,对文物损毁程度进行描述时多使用无定量意义的形容词。例如,形容纸质、纺织品等有机质类文物常用"十分脆弱""糟朽严重""一触掉粉""手不能触"等词语,形容金属类文物常用"十分脆弱""锈蚀严重""掉渣"等词汇。本领域专业人员可依据长期积累的工作经验理解这些词语的含义,但对其他行业的专家学者而言,因缺少相关工作经历和经验,他们无法依据这些词语对文物病害的程度产生准确理解。此类问题的出现,一方面是由于文物实体经过几百上千年的变化,受物理、化学和生物等多种因素的影响,出现了材质变质、结构受损等多种病害,其变化过程十分复杂,导致文物各方面性能指标下降严重,要想准确描述的确非常困难;另一方面是因为文物保护和考古等与文物相关领域的专业人员忽视了专业术语科学化的重要意义,本应该具有准确科学含义的专业术语似乎成了行业内的"行话",只有专业人士才听得懂。这些问题影响了行业的开放,使得社会力量难以参与进来,对于行业进步极为不利。因此,文物保护行业一定要建立起自身的专业术语体系,并不断完善,以促进行业规范化、科学化水平的提高。

本书对文物保护专业术语体系的归纳总结如下。

2.1.1 与文物保护专业基础有关的专业术语

对于文物、文物本体、文物实体、文物状态、文物始态、文物始状、文物原状、文物现状等一系列文物保护基础专业术语,学术界一直未能形成普遍认可的科学定义,引起了许多争论,给文物保护工作带来了较大困扰。例如,《中华人民共和国文物保护法》(以下简称《文物保护法》)中要求不改变文物"原状",究竟什么是文物"原状"？是文物古代存在过的若干状态？抑或是现在我们能够看见的文物从出土到入藏或是目前现存的某个时间段的状态？如不明确解答这些问题，如何确定该文物保护的目标？由此可见，明晰此类文物保护专业基础术语的定义有着重要的现实意义。

1. 文物本体

古人使用特定的材料，经过一系列的工艺操作，制作出具有某种使用功能的产品。该产品在诞生的那一刻，即为文物的始态。产品的物质实体就是"文物本体"。实际上，古代产品在被生产出的那一刻，"诞生"的是古代产品而不是文物，因而从严格意义上来说，当时的产品状态并不是文物始态，只有古代产品在转变成文物的那个时间点的状态，才是文物的始态。那么，为什么学术界普遍把古代产品状态视为文物的始态呢？这主要是因为在多数情况下，古代产品的状态基本可以被推测出来，且古代产品的原始状态承载了大部分的文物价值信息，具有重要的学术价值，是考古学家最关注的文物状态，例如，瓷器、青铜器、竹木漆器、佛造像等文物器物的形状、某些外观特征等。了解这个明确的文物实体"始态"，文物保护工作者便可以有的放矢地制定相应的保护目标，使文物重要的价值信息得以保存。

2. 文物实体

在漫长的历史岁月中，由于文物本体中组成材料的质点的运动，以及与环境中物质的相互作用，文物本体在材料组成、性能等方面均会发生一系列变化，变化后的文物本体即为"文物实体"。

理论上，文物在其本体发生变化之后的其他任何时刻所对应的状态都是文物实体。理解文物实体的内在涵义时应注意以下几点：

（1）文物实体的状态有无数个，但文物本体的状态只有一个。

（2）文物本体实际上指的是刚生产出来的产品，其成分就是制作产品的原材料，因此文物本体中通常无外来物质。当作为文物本体的产品被生产出来之后，文物本体开始了与环境中物质、能量的交换，如吸收水分和其他气体物质、发生自身腐蚀降解反应等，因此文物实体中含有外来物质和自身腐蚀降解产物。

（3）文物本体材料是文物实体材料的组成部分，文物实体是由文物本体、外来的污染物、自身降解腐蚀产物共同构成的。

（4）文物本体的状态是静止的、唯一的，文物实体的状态是动态的、变化的，且有无数个（见图2.1）。图中 x 是产品转变为文物的时间点，一般情况下 x

无法被后人知晓,所以文物原状也难以确认。

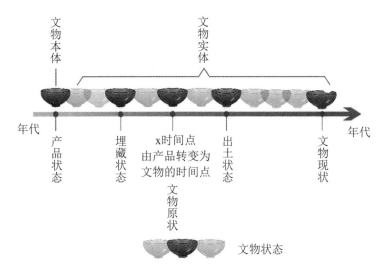

图 2.1 文物本体与文物实体状态变化图

3. 文物实体状态

文物实体状态又称文物状态,文物实体在任何一个时间点都具有特定的形状、色彩、固定的物质组成、成分含量以及文物实体组成材料的物理化学性能等。这些状态信息有的可以用数值表示(量化),如外形尺寸、各成分含量和材料学意义上的理化性能等;有的只能用文字叙述,如外观颜色、器物形状、完好情况等。无论是给出数值或是用文字描述,反映的都是文物实体的"状态"。日常生活中状态通常是指物质的各种聚集态,用于描述物质系统所处的状况,如水的状态包括固态、液态和气态等。文物状态描述的是文物形态的物理量,它既包括文物的形貌特征,如完整或破损,清洁或脏污及外观颜色等,也包括文物实体材料的组成,以及组成材料的化学和物理性能。以青铜文物为例,此件青铜文物某一时刻的状态包含信息有:外观颜色、三维尺寸、残缺情况、锈蚀情况、铜锡铅合金成分、金相结构及青铜材料的物理和化学性质等,能够表征(或描述)和测量的量都属于文物状态范畴。由于组成文物实体的质点处于不断的运动之中,所以文物实体的状态也是变化的,原来完整的,现在残缺了;原来文字和花纹清晰的,现在漫漶不清等,这都是文物实体状态变化的结果。研究文物状态,一定需明确具体时间点,同一件文物在不同的时间点,其状态是不同的,有时差别很大,容易被看出来;有时差别很小,不易分辨。

由上述分析可知,文物状态中所描述的形貌特征,如完整或破损、清洁或脏污等,其中有的部分是肉眼可见的,有的部分是需要借助于仪器设备检测分析才能知晓的。不论是肉眼观察的结果,还是仪器测量的数据,所反映的都是文物实体在某一个时间点的客观存在,但我们对文物实体的客观存在的描述或是测量的数据却是主观的。我们的描述和给出的测量结果不可能做到百分之百的精确,是有误差的,可能是仪器本身产生的系统误差,也可能是人眼观察产生的读数偏离的主观误差。

对文物的价值认知和拟对文物实体采取的保护处理都与文物实体的状态密切相关。《文物保护法》中所规定的"不改变文物原状"的原则,其中"原状"就是文物实体状态的一种,了解文物实体"原状"究竟是何种状态是贯彻不改变文物原状原则的基础和保障。

对文物实体的状态描述和测量往往难以进行,一方面是因为取样易对文物实体造成损伤,一般情况下不允许对文物实体取样,因此难以进行分析检测(无损方法除外);另一方面是因为文物实体外观色彩和形状比较复杂,想描述清楚难度较大。因此,最好的揭示文物实体状态的方式是进行摄影,照片能够较清晰地反映文物实体的状态。

一般情况下,谈及文物实体的状态主要是用语言进行描述,如材质、外观色彩、形状、纹饰和铭文等,极少用量值去表征文物实体的状态。实际上文物实体的成分、含量以及材料学性能等内容,理论上均可通过仪器分析获得具体数据,以此表征文物实体的状态。随着考古学家对文物信息的要求越来越全面,文物实体的检测分析也越来越重要,通过检测分析能够得到大量定量分析数据,数据所展现的文物实体的状态信息科学性较语言描述更强。

对文物实体状态的材质种类、外观色彩、形状、纹饰和铭文等"状态要素"进行的描述或表征,通常带有普遍意义,也就是说文博其他领域在谈到文物实体状态时亦要涉及这些要素。除了这些具有普遍意义的文物实体状态要素之外,文博的不同领域对文物实体状态描述或表征因专业要求而各有不同,如文物保护专业特别注重文物实体病害情况、材质及材料性能的状态表征,考古专业更关注文物的实体制作工艺,科技考古专业则更侧重文物的材质、制作工艺、元素种类及其含量等。因此,文物保管部门在将文物登记入库时一定要如实记录文物实体的外观尺寸和重量等数据,以供研究人员使用。

笔者认为"文物实体状态"的科学定义应为:某一时间点文物实体外部宏观形态和内部微观形态的组合就是文物实体的状态。文物实体的外部宏观形态指的是三维尺寸、颜色、纹饰、铭文、重量和表面特征等,内部微观形态则是指材质种类、组成成分及含量、元素组成特点、分子结构、材料理化性能等。需要强调的是,文物实体从古代产品转化为文物,再演变到今天的状态,经历了无数种状态,其中绝大多数状态是后人无法知晓的,如从古代产品变成文物时的状态、被埋入墓葬时的状态等。

此外,我们常会遇到另外两个概念:"过程"和"途径",对文物实体而言,从一个状态(始态)转变成另一个状态(终态),这种转变的阶段就叫过程,完成过程的方法叫途径,对应一个过程的途径往往有无数个。例如,你在北京时是状态1,当你到了意大利罗马时是状态2,从状态1转变到状态2的阶段叫过程,怎么去的罗马是途径,人们常说"条条大路通罗马",也就是说到罗马有许多(无数)种途径。

4. 文物实体始状

文物实体始状简称文物始态。通常认为古人生产产品时,产品制成的那一个时间点所对应的状态,即为文物实体的始态。实际上此种说法并不准确,因为此时的产品尚不是文物。研究文物实体的始态非常重要,工作人员可以通过科学分析检测数据推测这一状态,如对于轻度腐蚀和部分残缺的古代青铜器,通过检测其成分对外观形状进行复原研究,基本上可以了解此件青铜器的始态。所以,在某些情况下,因文物实体始态与文物实体原状差别较小,完全可以将文物实体始态视作文物实体原状。在文物修复实践过程中,很多时候会将文物实体始态视作文物实体的原状,依此制定相应的修复技术路线和修复方法。

5. 文物实体原状

文物实体原状,又称文物原状。古代社会与现代社会一样,人们生活、生产需要使用大量的物质产品,如纺织品、陶瓷器、木漆器和青铜器等。古代文物首先是作为产品问世的,其生产目的是为了满足人们对其实用功能的需求。经过一段时间后,古代产品作为史料证据的重要性上升,而其实用功能弱化,此时古代产品就转化为文物了。成为文物的古代产品作为古代历史人文信息的重要载体,已成为研究古代历史、艺术和科学技术的重要实物史料,具有重要的文物价值。综上所述,文物实体原状的定义应该为:古代社会为满足生产生活需求所制造的具有一定功能的物质产品,经过历史沉淀,承载了人类历史人文信息后,古代产品具有了文物属性,成为了文物。那么古代产品转变成文物所对应的那一时间点的状态,即为文物实体原状。

生产古代产品时,可能出现次品和废品,次品具有一定实用功能,但废品是没有实用功能的。从实用功能角度来说,合格产品比次品和废品的价值高,但作为史料,有时候次品和废品可能具有特殊价值,能够提供更多的工艺信息,亦能更全面地反映当时的生产技术水平。另外,大量废品出现的地方往往是生产作坊的所在地,此类文物有助于后人了解古代地理信息。所以,可以说次品和废品的文物价值未必不如合格品。

古代产品成为文物的时间节点一般我们无法知晓,如某只宋代瓷碗,当时是作为餐具生产的产品,也许到了明代,尽管这只宋代的瓷碗仍然可以被用于盛放食物,但这时它可能已成为研究某一窑口制瓷工艺和宋代文化的重要实物证据,作为史料证据功能的价值凸现,此时这只瓷碗从产品转变成了文物。多数情况下,古代产品转变为文物的时间,可能是一个时间点,也可能是经历某一个重大历史事件的过程,无论是哪一种情况,古代产品成为文物的时间,即古代产品成为文物时的最初的状态(文物原状),后人往往无从知晓,这就是学术界常因文物原状产生争议的原因。尽管我们不知道多数文物的原状信息,但文物的原状是客观存在的,通常我们把文物出土时的状态看成是比较接近文物实体原状的状态。实际上,从古代产品出现的那一刻起,直到我们现在看到的状态,期间存在过无数个状态。这中间有几个状态特别重要,包括成为产品时的状态(或称文物始态)、埋藏前的状态、出土时的状态和现存状态,这几种状态在文物保护、考古学和科学技术史研究领域均具有重要意义。在某些特殊情况下,可以从这些文物实体状态中选择一种作为文物保护要维持或保存的状态。

文物的每一种状态都是一种客观存在的现象,当人们认为某一种状态的古代产品具备了文物价值时,我们就说此时古代产品成为了文物。换句话说,"文物"的概念是人类"强加"给古代产品的,是我们主观的认识。所以,以下三点对于文物的认知非常重要:一是当古代产品的史料证据功能的价值大于其实用功能时,古代产品便转变成了文物;二是古代产品转变成文物的时间和状态,往往是不可知的,即通常情况下我们是不知道文物原状的;三是从古代产品到文物,其间存在无数种中间状态,它们都是客观存在的。

6. 文物实体寿命

文物实体寿命指的是文物实体存续时间,也就是通常认为的文物寿命。通常情况下,文物保护工作的目的就是延长文物实体的寿命,使文物实体保持一种能展示文物价值的状态,这种状态类似于生物体的"生命体征"。那么,什么是文物的"生命体征"呢？文物的生命体征包含多个方面，其中有形制特征（如时代特点）、材料特征（如质感、重量和外观颜色等）、工艺特征（青铜器范线、瓷器气泡等）、环境特征（如包浆、水坑墓、土坑墓等）、保护修复特征（瓷器锔补、书画重新装裱、青铜器修补等）。文物的生命体征是一个系统，由文物实体承载，且包含众多内容。当文物的生命体征全部消失时，文物实体的寿命就终结了。

延续文物实体的寿命，目的是延长文物的使用期限，使文物作为一件实物史料能够长期存在，让今人和后人可以研究其内涵价值，了解古代人类活动或重大历史事件等。尽管我们采用各种技术手段对文物实体进行保护，但文物实体总有寿命终结的那一天。那么，除了通过延长文物实体寿命，保持文物"生命体征"之外，还可以通过哪些方式延长文物寿命？要回答这个问题，必须了解文物有几条"命"，哪些"命"可以延长。

（1）文物实体寿命

众所周知，文物是由具有特定形状和材料组成的物质实体即文物实体，文物实体承载着文物生命体征，文物生命体征存续时间就是文物实体的寿命。

（2）使用功能寿命

古代，人们将文物实体制作或生产出来时，其最初的目的是制作一件具有某一使用功能的器物，例如古琴，当初被制作出来是为了演奏，而随着历史的积淀成为了文物。现在考古发现的大多数古琴已不能演奏，失去了使用功能。在文物的几种寿命中，使用功能寿命往往是最脆弱的，结束最早，存续时间最为短暂。

（3）材料服役寿命

材料服役寿命是材料科学上的意义。每一种材料都有服役性能，也就是通常所说的材料使用性能。例如，青铜材料，古人利用青铜材料的性能将其制作成青铜兵器、炊具、乐器等，这是由青铜材料的性能决定的。当青铜材料锈蚀严重，青铜材料的使用性能消失，不再能够被用于制作青铜器时，我们就可以说它的材料服役寿命结束了。文物材料服役寿命结束并不意味着文物寿命终结，如完全矿化的古代青铜器、泥化了的古代纺织品等。这是因为文物材料虽然发生了异质化，但异质化后的材料仍保持了文物形状，保存了部分文物信息。

（4）文物价值寿命

文物有三大价值，即历史价值、艺术价值和科学价值。一般情况下，文物必定具有历史价值，但艺术价值和科学价值未必一定都有。在某些历史时期，文物还会具有经济价值，但经济价值不是文物与生俱来的，会随时空的变化而改变。文物价值也有寿命期限,文物实体是文物价值的载体。当文物实体消失,文物价值是否还存在?答案是肯定的。通过文物信息转录可以实现文物价值寿命的延续,其中文物复制就是文物信息转录的主要途径之一。文物信息转录容易实现,信息也能长期保存,所以通常文物价值寿命要远长于文物实体寿命。文物信息的采集非常重要,是防止文物实体消失、延长文物寿命的最重要手段。因此,开展文物数字化信息采集与保护工作的意义重大,且刻不容缓。

根据以上所述可知,文物的使用功能寿命最短,文物实体寿命和文物材料寿命虽长于文物使用功能寿命,但都是有限的,而文物价值寿命可以通过不断转录实现永续,所以文物信息的采集与保护技术研究非常重要。文物保护工作者不但要保护文物实体的寿命,还要研究各种技术手段,用于保护文物寿命。

7. 文物实体稳定性

文物实体稳定性,是指在日常保存条件下,文物实体长时间在环境因素的作用下能够保持材质性质、力学性能以及外观形貌不变的能力。一般情况下,文物实体稳定性包括文物实体材质稳定性和结构稳定性两方面。

8. 材质稳定性

材质稳定性,是指在日常保存条件下,文物实体长时间在环境因素的作用下能够保持材质性质不变的能力。材质性质不变指文物实体材质不会发生腐蚀、降解等化学反应,或发生的腐蚀、降解等化学反应极慢,基本可以忽略不计。

材质稳定是相对材料"变质"而言的,如古代青铜器的变质就是材料发生了化学反应,青铜被腐蚀成碳酸盐或硫酸盐。若青铜器不易发生腐蚀或锈蚀反应很慢,可以认为此件青铜器文物材质是稳定的、没有变质。

9. 结构稳定性

结构稳定性,是指在日常保存条件下,文物实体长时间在环境因素的作用下能够保持结构不发生变形、崩塌的能力,或者当有外界干扰时(如受力)变形很小。多数情况下,文物实体结构稳定性是针对不可移动文物而言的。例如,古建筑倾斜、梁架结构出现位移、室外石刻文物倒塌,这些都是文物实体结构稳定性出现问题所导致的。

10. 文物信息

文物信息是人对文物实体存在的各种客观现象的主观认知,包括形成的解释、结论、观点等。另一种说法是,文物信息是人对文物与人类历史有关的存在方式以及运动状态的合理解读(或认知结果)。每一种文物状态都是组成文物实体的质点运动的结果,均蕴含着特定的文物信息,无论是人的五官感知或是各种仪器的分析检测,其得到的文物信息完全是主观的,但这些主观信息来自于客观现象——文物实体状态。

11. 异质文物

在复杂因素超长期作用下,文物实体材料发生严重腐蚀、降解,原组成材料被腐蚀降解产物或污染物替代,文物原始外形全部或部分保留下来,仍保有历史人文信息,此种文物称为异质文物。

此类实例很多,如高度矿化的青铜文物,原始的铜质点几乎全部转变为铜的矿物质点,如果将铜的矿物质点清除,则青铜文物也将随之消失。再如,出土的丝绸印痕文物(见图 2.2),文物实体中的蚕丝质点已完全被腐蚀、降解殆尽,留下的质点空位被土壤或其他矿物质质点取代。很多青铜器和玉器被丝织物包裹后入葬,当丝织物腐烂后,其印痕会留在器物上(见图 2.3),例如,河南安

图 2.2 丝绸印痕文物[1]

图 2.3 青铜器上的丝绸印痕[2]

阳发现的一件铜器上留有明显的丝绢的残迹,而且能看出上面的回纹图案;故宫保存的一把商代玉戈上也留有丝织物的残迹;殷墟大司空村发现印有麻织品痕迹的"花土";陕西宝鸡西周墓中发现的一件青铜器内有厚达3 cm的织染品的残物,同时有印痕附着在铜器上,有些印痕还能看出是辫子股绣的绣品。

在河南洛阳东周"天子驾六"车马坑中发现的车辕、车构件以及马的骨骼均清晰可见,如图2.4所示。殷代车子是木质结构,主要由舆、轴、轮、辕、衡、轭构成,由于深埋地下,年长岁久,出土时木质部分已全部腐朽,仅存遗痕和青铜饰件。考古工作者根据泥土中保留下来的车子轮廓,成功地对它们进行了剥剔和清理,如图2.5所示。从材料角度而言,这时的文物已完全"异质化",属于异质文物,即与原始状态的文物本体材料完全不同,但仍保持着文物实体的全部或部分原始形态。

图2.4　洛阳"天子驾六"车马坑[3]

12. 考古残存物

考古发掘常会出土装黍(小米)的陶罐(谷仓),有的陶罐里可能还装有炭化黍,需要借助放大镜才能观察到黍的形态。有的陶罐里的黍完全腐烂,已见不到黍,但陶罐的缝隙中可能吸附了黍的淀粉粒。前者中的黍属于"考古残存物",因为黍的形态还在,哪怕是一颗黍,它与一陶罐黍没有本质区别。后者中的黍淀粉粒是"考古残留物",这是因为通过淀粉粒是看不出黍形态的,原来的黍的形状、尺寸是无法通过淀粉粒知晓的,只知道淀粉粒是黍腐烂残留下来的。由上述实例可知,考古发掘出土的小块食物残渣、奶酪等固体物质,以及少量的液体物质,尽管是少量,因其均具有实物形态、肉眼可见等特点,是实实在在的实物遗存,可以称之为"考古残存物",而不是"考古残留物"。

图 2.5　殷墟车马坑[4]

13. 考古残留物

一般来说,考古残留物有两种定义。其一,考古残留物是与古代人类活动相关的物质实体,在腐蚀、降解过程中,已失去文物实体形态和材料性能,肉眼无法分辨遗留的少量、微量或痕量物质或腐蚀产物。其二,一般是指在古代人类的生产生活等实践过程中,残留于人们所使用的生产工具和生活用具上,甚至是人类所接触的环境中,包括遗址的土壤中经过长时期埋藏并得以保存下来的、具有一定考古学价值的、肉眼难以分辨的物质遗存或遗痕。后一种定义没有将"考古残留物"与"考古残存物"区别开来,如出土陶罐中的黍和淀粉粒的不同情况(见图 2.6、图 2.7)。相比而言,第一种定义比较准确,较好地表达出了"残留物"与"残存物"在本质特征上的区别。

14. 饱水

考古发掘现场出土的文物,无论是有机质文物或者无机质文物,大多处于"饱水"状态。当然,某些干旱地区出土的文物含水率较低,并未达到饱水程度。"饱水"一词在文物保护领域属于高频词汇,但关于其科学性或科学含义却极少有人诠释分析。

图 2.6　陕西汉墓出土陶器中的黍[5]

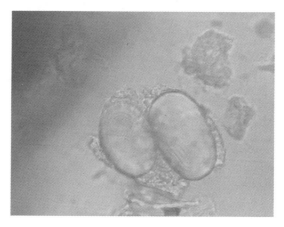

图 2.7　淀粉粒显微照片[6]

在自然界中,不管是亲水性物质还是憎水性物质都会吸收水分子,只是吸收量的多少有所不同而已。文物实体材料中所含的水分可分为三类:吸着水、自由水和化学水(或化合水、配位水、结晶水)[7]。在自然科学领域,对这三类水均有明确的科学解释。

(1) 吸着水,是指直接与物质孔隙内表面或外表面通过氢键或范德华力次价键联结,或存在于细胞壁微纤丝间的水分,又称附着水、吸着水或束缚水。文物实体内部有一定数量的孔隙,孔隙的表面有活性基团或电中心,能够吸附水分子,孔隙表面吸附的水分子被牢牢拉住,无法自由移动,即被束缚住了。文物实体外表面也存在活性基团或电中心,也能够吸附水分子,所吸附的水同样属于吸着水。

(2) 自由水,是指存在于物质孔隙或细胞腔或细胞间隙中的能够自由移动的水分[8]，又称毛细管水。自由水常与吸着水联结，不难理解，自由水的水分子受到的束缚力小，能够自由移动，所以是自由水。

(3) 化合水，是指存在于物质化学成分中的水分。化合水是分子式中的一部分，是物质的组成部分。有没有化合水，会使得物质的化学性质产生很大差别，属于不同物质。所以物质中的化合水是不能去除的，一旦失去化合水就转变成另外一种物质了。

研究表明，物质依据吸水量的不同，分别存在四种状态：① 炉干状态（也称绝干状态），指物质内外不含水，由在105(±5)℃条件下烘干而得。② 气干状态，指物质表面干燥，但部分内部孔隙中仍充满水，则其含水量的大小与空气的相对湿度和温度密切相关。③ 面干饱水状态，也称饱和面干状态，就是物质表面干燥，内部孔隙吸水达到饱和时的状态。④ 湿润状态，物质所有孔隙充满水，而且表面有水膜。

出土文物中，炉干状态的文物实体基本上不存在。处于气干状态、面干饱水状态和湿润状态的文物实体较为常见。一般情况下，同类文物中含水率越高，文物实体材料降解或腐蚀越严重。因此，随着含水率增高，文物脱水处理的难度增大。在文物保护领域，通常并未对文物实体饱水状态进行具体划分，统称"饱水"。出现这种情况有多个原因，一是缺乏相应文物实体饱水程度判定技术和方法；二是文物保护行业所说的饱水文物，往往是指从埋藏环境的水中（即浸泡在水里）提取出的文物，其水分含量很高，除此之外的其他出土文物的吸水状态极少考虑。

出土饱水文物中最为常见、最重要的是饱水竹木漆器的脱水，由于竹木在埋藏时长期浸泡在水中，与正常竹木材料相比，出土竹木漆器的细胞损伤通常十分严重，有的已无完整的细胞形态存在。如果脱水时欲保持竹木的纤维结构和形态不变，需要解决脱水材料和脱水工艺等诸多难题。

综上所述，从埋藏环境的水中（包括水下考古遗址）发掘提取出的文物，应该是处于湿润状态的，也就是说文物实体的所有孔隙中都充满水，而且表面有水膜。其他埋藏环境中出土的文物，文物实体一般处于气干状态或面干饱水状态。

文物保护领域中一般意义上的"饱水"文物，其状态是文物实体材料所有孔隙充满水，而且表面有水膜，科学分类或科学定义应是"湿润状态"。由此可知，单独使用"饱水"一词表述文物实体的含水情况，不能全面、准确地说明文物实体的吸水状态,这样的描述是不科学的。

2.1.2 与文物保护修复有关的专业术语

1. 文物保护

文物保护指在符合文物保护理念和原则的前提下,通过技术实施,使文物实体材质稳定性、结构稳定性或品相得到较好的维护。例如,防止文物实体材料的腐蚀、降解,结构崩塌,以及修复中采用的粘接、随色、整形等措施,都是对文物进行的保护,符合文物保护范畴。

2. 文物修复

文物修复指在符合文物保护理念和原则前提下,通过技术实施,使文物实体结构稳定性或品相得到较好的维护。例如,青铜文物修复中的补配(提升结构稳定性或品相)、古建筑修复(提升古建筑结构稳定性)、古代瓷器修复中的随色(提升瓷器品相)。

修复一词包含了主、客观两个层面。"修"是技术层面的,是客观的,修的部分包括修复材料、工艺以及修复技巧,是看得见摸得着的。"复"是思想层面的,是主观的,是对修复效果的思考。"修"是"复"的思想的实践,是实现修复目标的途径。"修"的水平体现在文物修复的优劣、精细程度上,而对"复"的评价更多的是关注文物修复后的"神"与"韵"方面。

3. 干预

在文物保护领域,干预通常是指通过化学、物理和生物方式,使文物实体所处的环境条件、材料组成、结构和形状发生改变,这种改变即是对文物实体的干预。干预有人为干预和非人为干预两种形式。

人为干预有人为破坏、保护修复、文物转运以及对文物保存环境进行调控等。非人为干预形式有各种大气、宇宙射线等自然环境因素对文物的影响与作用,以及动物或植物对文物的影响与作用等。

4. 揭取

通过技术实施,将以薄层状形式黏结在一起的不同文物或同一文物的不同部分剥离的过程,称为文物揭取或粘连文物的揭取,如粘连古代纸张、粘连古代纺织品的揭取。

法门寺地宫出土的所有丝绸除宝函系带、几件小衣服之外,都处于半炭化状态。由于丝绸是装箱或堆置摆放的,加之湿度、地宫塌陷产生的压力以及丝绸本身化学变化的作用,这些丝绸文物往往会紧密而牢固地叠压在一起,如白滕箱内的丝绸据说多达几百层[9]。粘连的部分遮盖了纺织品的原有信息,破坏了纺织品的完整性,使其原本面目无法真实地展现。不仅如此,粘连部分的黏性物质还会渗透到织物纤维中,加速纤维的老化,导致织物进一步糟朽劣变[10]。因此,面对上述粘连且叠压的丝织物,我们便需要对其进行揭取。科学的揭取方法不仅可以使粘连糟朽的纺织品分离开来,最大限度地获得完整的纺织品文物,而且有利于文物后续保护修复工作的开展,如图2.8所示。目前,粘连纺织品的揭取主要有物理方法、化学方法和生物方法,如水蒸气蒸、自然回湿和使用化学剥离剂等,其目的都是提高古代丝织品的湿度、强度、柔韧度,使其达到纺织品的最佳含水率,降低纺织品间的黏结力,使其便于揭取。例如,1985年浙江西泠印社"蒸汽法揭取北宋丝质经卷"就是采用了水蒸气蒸的方法[11]。

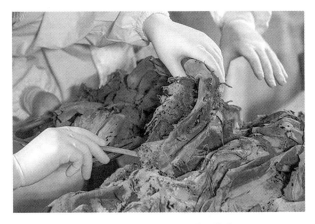

图 2.8 粘连纺织品揭取[12]

5. 加固

在符合文物保护理念和原则前提下,通过技术实施,提升脆弱文物实体材质或结构抗外界化学、物理和生物因素破坏的能力的过程。从文物实体质点模型角度分析,文物实体的加固有以下三种形式。

一是质点还原与转变加固原理。当文物实体质点由一种质点转变成另一种质点,即质点发生改变时,文物实体材料的性质亦会发生变化。通常情况下,质点的改变往往会引起文物实体材料性能的下降,使文物实体变得脆弱。将改变的质点还原为原来的质点,或将变得不稳定的质点转变为另一种稳定的质点,使文物实体材料性能有所提升,这就是质点还原加固法的原理。质点还原与转变加固是一个化学过程,过程中会有新物质生成。例如,铁质文物生锈是铁质点转变成铁锈质点的过程,铁质文物保护可以将铁质文物上的铁锈用强碱溶液还原,使铁锈还原为铁,即铁锈质点被还原成了原来的铁质点,从而提升了铁质文物的材料性能。古代青铜器上的铜质点变成有害锈质点(其成分为氯化亚铜和碱式氯化铜),使青铜器出现质地酥松、粉化等现象。修复此类文物通常使用缓蚀材料,使其与有害锈发生化学反应,脱除氯离子,将不稳定的有害锈成分转变为相对稳定的铜络合物。上述两例,一例是质点还原,另一例是质点转变。若用质点还原与转变加固原理保护文物,由于还原或转化加固后的质点与文物实体的结合强度相对偏弱,往往还要配合其他方法做进一步加固处理。

二是质点黏结加固原理。文物实体结构酥松、质地脆弱,除与文物实体质点改变有关外,还与文物实体质点的位移有关。质点位移的结果是质点间距离增大,质点间作用力减弱,质点存在产生更大位移的倾向。理论上来说,只要在质点间加入黏结材料或使文物实体中形成网状结构,就能够起到阻止文物实体质点发生更大位移、加固文物的效果,这就是质点黏结加固原理。

例如,关于脆弱纸张加固材料研究,纸张是由悬浮在流体中的纤维互相交织,再经过压榨和干燥生成的薄片状物体,它是构成各种档案、文献和书籍的主要材料。作为一种天然的有机材料,纸张在环境因素的影响下很容易老化。纸张老化是指在环境因素的作用下,纸张的主要化学成分发生不可逆的化学变化,从而使纸张性能衰退的过程,即纸张中的纤维素、半纤维素和木质素,在酸、光、氧、水分、温度、湿度、霉菌和空气中有害物等因素作用下发生化学变化的过程。纸张老化后,微观上,纤维素、半纤维素和木质素的化学结构发生了变化;宏观上,纸张发黄且强度下降,变得易碎,甚至变成粉末状物质。现在很多纸质文物就是因为严重老化而很难加以研究和利用。羟丙基甲基纤维素(HPMC)在加固脆弱纸张方面的应用研究结果表明,羟丙基甲基纤维素在加固纸张时,会在纸张中形成网状物质,将脆弱纤维素分子用"网固"的方式进行加固,加固后的纸张表现出较好的抗拉性能,而且原状得以保存,符合可再处理原则。对于不同保存状况的纸张,可根据其脆弱程度及对水的敏感程度选择适当的稀释剂,配制合适浓度的羟丙基甲基纤维素加固剂,用于脆弱纸张的加固。质点黏结加固法主要是使加固材料渗透到脆弱文物实体内部,在文物实体材料之间形成网状结构,或使脆弱部分黏结,以提高文物实体强度。

三是质点补缺加固原理。从文物实体质点模型看,文物实体质点位移将导致模型中某些点位出现空缺,一旦空缺点位达到一定数量,文物实体就会出现孔隙、裂隙、残破等情况,造成文物实体失稳。理论上来说,如果能够把空缺的质点补回去,同时补回去的质点还能与周围质点很好地发生黏结,使文物实体结构完整、稳定,就能起到加固文物实体的效果,这就是质点补缺加固原理。例如,出土饱水漆木器的脱水保护,由于长期浸泡在水中,漆木器中许多质点被水溶蚀,出现大量质点空缺,但这些空缺点位暂时被水分子填补,这种填补是不稳定的,水分容易挥发,点位会重新出现空缺,即出现失水现象。饱水漆木器失水会产生严重的收缩变形,乃至开裂、破碎。又如,文物保护中经常遇到文物实体出现裂隙的问题,常用的解决方法是对裂隙进行灌浆,灌浆材料既能填补裂隙中质点空位,又具有一定黏结力,可以同时实现填补质点空位和黏结裂隙效果,起到加固文物实体的作用。

6. 有害盐

有害盐是指能够对文物实体造成危害的可溶性盐类物质。可溶盐可通过水盐运移的方式,在文物实体表面或孔表面富集,然后结晶析出,产生结晶压力,损害文物实体。

从化学的角度来看,多种质地的文物组成成分主要是盐,如石质文物、陶瓷器文物、壁画等,它们不是有害盐。此外,颜料及大多数金属文物的锈蚀物都属于盐类,其中只有少部分是有害盐。

7. 盐害

文物盐害指可溶盐发生相变形成对文物的不利影响,其对文物实体造成的主要危害现象有砖石壁画类文物的酥粉等。可溶盐通过水盐运移,在文物实体孔隙内结晶、晶体生长,产生结晶压力(图 2.9 中 $\Delta P = P_c - P_1$,具体涵义见注释),使文物实体空隙增大,严重时会出现裂隙。可溶盐溶液在文物实体表面随着水分挥发,可溶盐结晶析出,晶体生长,使文物表面出现酥粉现象,如图 2.10 所示。

可溶盐对多孔类文物影响最大,其中硫酸钠(Na_2SO_4)是破坏力最强的盐,硫酸钠析晶对环境温度敏感,常形成两种晶体,一种是无水硫酸钠晶体,另一种是十水硫酸钠晶体。十水硫酸钠的体积是无水硫酸钠的三倍,更易产生较大的结晶压力,从而诱发形成各种病害,因此,对多孔类文物来说,若想使文物更加长久地保存下来,就要防止大量十水硫酸钠的结晶出现,必须做好长期脱盐的工作。

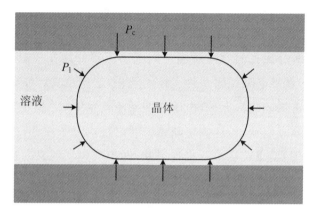

图 2.9　多孔介质中晶体的结晶压力分析图①[13]

图 2.10　壁画表面盐结晶析出导致粉化酥软[14]

8. 脱盐

脱盐是指针对文物盐害实施的一种去除可溶盐的技术措施。一般来说,在水的作用下,通过水盐运移使可溶盐在文物实体表面(包括孔表面)富集、结晶产生各种盐害,对文物实体造成损伤。利用可溶盐易溶于水的性质,采用浸泡、

---

① 对于多孔介质中的孔隙溶液,在温度、水分或压力等达到一定的条件时,溶液中的溶质会析出或因孔隙水冻结而形成结晶体,并随着结晶体的不断生长,受到孔壁的约束而对多孔介质骨架产生结晶作用力,通常孔隙结晶体处于各向异性的受力状态。晶体受约束面上的压力记为 P_c,在非约束面上,溶液产生的流体压力记为 P_1,结晶体产生的压力为 ΔP。

清洗、多孔材料（如纸浆）吸附等方法，使文物实体中的可溶盐脱除，降低文物实体中可溶盐的含量或阻止可溶盐在文物实体表面（包括孔表面）结晶析出，达到防止文物实体盐害发生的目的。

9. 脱水

脱水是指去除文物实体超出正常含水率部分的水的过程。例如，木材正常含水率为8%—12%，假设有一件木漆器文物含水率为80%，如此高的含水率会导致文物实体脆弱。因此，需要对其进行脱水加固，使其含水率降至正常的8%—12%，这就是文物保护领域常说的"脱水"。

饱水木质文物的脱水加固是文物保护中的一项重要内容，传统的木质文物脱水方法包括：控制特定空间相对湿度的自然干燥法、真空加热干燥法、真空冷冻干燥法。对于含水率不高的文物，也可以采用溶剂置换法，即用挥发性有机溶剂逐渐置换饱水文物中的水分，以最终达到干燥的目的[15]。

10. 回补修复

回补修复基本原理是，从文物实体组成材料或结构缺失的角度入手，研究文物实体材料中各组成材料和结构组成部分的作用功能，分析缺失的原因，然后将所缺失的材料或结构部分以适当形式回补，达到加固脆弱文物实体的目的。回补包括两种情况，一种是对文物实体残缺部位的回补，另一种是采用物理、化学或生物方法对文物实体组成材料中缺失成分的回补。

修补甲骨文物时回补缺失的羟基磷灰石、修补土质文物时回补缺失的钙镁胶结物、修补丝绸文物时回补丝胶等保护技术措施，都运用了回补修复原理。皮革文物是我国文物的重要组成部分，但由于长时间经受墓葬或馆藏环境的不良影响，出土皮革文物往往会出现糟朽、裂隙、硬化等病害，其柔韧性、抗张强度等机械性能逐渐降低，文物保存状况令人堪忧。张杨、龚德才研究发现，皮革文物的劣化机理主要是其主要成分胶原纤维发生氧化水解，胶原分子解聚，胶原纤维断裂[16]。在此基础上，以回补修复理论作为保护思路，选用与皮革具有同源性的动物皮浆作为糟朽皮革的加固材料，回补皮革文物中流失的胶原蛋白成分。这是回补修复的典型案例，但修复方法存在一定的不足，研究中采用的是物理回补，而非生物体合成动物皮的生物方式。皮革是生物合成的天然材料，胶原蛋白在皮革中是最佳的结合材料，如果采用生物方式回补胶原蛋白，修补后的皮革文物材料性能可能优于物理回补方式的修复。

11. 过度修复

在修复文物时,不论修复技术如何先进、成熟,修复本身从某种意义上来说就是一种破坏行为,会对文物造成不可逆的改变,但这种改变若是使得文物的结构、性能更加稳定,外观得到应有的改善,保证了文物的性质没有发生变化,未违背文物保护的理念和原则,那么这样的修复就是合理的修复,没有超出"度"的范畴。若文物经修复后,外观、结构等发生了改变,文物的原状改变了,产生了质的变化,那么这样的修复就是过度修复,如图 2.11 所示。文献资料中常使用"不当修复""破坏性修复"等词语进行表述,其实它们都属于"过度修复"这一范围,只是对修复过度程度的不同表达而已。

图 2.11　过度修复案例——西班牙圣人木雕[17]

12. 不当修复

不当修复属于过度修复的一种,指的是因修复材料或工艺使用不当,使被修复文物在材质稳定性、结构稳定性或外观品相方面受到破坏。例如,在梵蒂冈西斯廷教堂的修复工程中,修复人员在清洗米开朗基罗壁画时,无意中将画中人物的双眼清洗掉了,这便是操作失误造成的不当修复,如图 2.12 所示。

13. 复制

文物复制是指依照文物的体量、形制、质地、纹饰、文字、图案等历史信息,基本采用原技艺方法和工作流程,制作与原文物相同制品的活动,这样的制品就是"文物复制品"(可参见《文物复制拓印管理办法》)[18]。复制方法有文物拓印、翻模制作、3D 打印制作等。

图 2.12　被洗掉眼睛的米开朗基罗壁画[19]

复制品要求与复制对象"一模一样",不但外观上如此,而且在材料组成、质量,以及工艺特征都要尽可能相同。

14．仿制

文物仿制是指制作与原文物外观,包括形状、纹饰、图案、文字相似制品的活动。仿制品以追求与原文物外观形似为主,制作材料和工艺可以与原文物不同。也就是说仿制品只追求"像",不要求"一模一样"。

15．现场保护

现场保护一般是指在考古发掘现场对出土文物进行的保护工作。现场保护的主要任务或原则是:在保留出土文物资料的完整性以及现场保护技术措施不影响实验室后续保护处理和考古研究的两大前提下,使得发掘出土的文物在出土现场到实验室这一特定的时间段内,得到妥善的维护。由此原则可知,与文物实验室保护工作相比,现场保护工作性质具有应急性(或抢救性)和临时性的特点。因此,在考古发掘现场开展的文物提取、清洗、加固、包装、运输、建档等现场保护工作中,可以根据此原则制定相应的现场保护方案和工作流程。

16．预防性保护

文物预防性保护指的是能够防止文物实体出现病害或者能够抑制文物实体病害发生、发展的技术措施,包括环境调控、封护等。需要强调的是,文物的预防性保护不仅是对文物实体赋存环境进行调控,还包括其他能够预防或抑制文物病害的、施加在文物实体上的技术方法,如青铜器的封护、石质文物防风化等。

17. 数字化保护

博物馆和文物收藏单位运用数字化技术,如高清照相、三维建模技术或3D自动成像系统对文物进行数字存档,保存文物数字化信息,并对文物数字化信息进行合理的开发利用,这就是文物数字化保护的基本内容。文物数字化保护是现代文物资源与文化遗产保护必不可少的重要手段之一,不仅可以实现对珍贵文物的永久保存,而且可以为文物专家和广大文物爱好者开展更为广泛的研究、交流提供了可能。

以敦煌莫高窟为例[20],敦煌研究院从1993年就开始了在"数字化保护"方面的探索,如图2.13所示。"数字敦煌"项目目前展示有30个洞窟、10个朝代、4430平方米的壁画。观众只需打开数字化资料库,点击鼠标,就能在敦煌洞窟中漫游。VR眼镜等数字技术的运用,不仅使精美的敦煌壁画近在眼前,还能让观众放大壁画上的任何部分,产生身临其境的感觉。

图 2.13　敦煌莫高窟数字化前期采集现场[22]

运用三维扫描技术、数字化手段及信息化方法对文物进行数字化建模及虚拟复原与展示等,不仅克服了传统复原方法记录手段单一、信息不全面、手工复原周期长、展陈受限、人工管理效率低等缺点,还极大地缩短了文物复原周期,而且因为无需直接接触文物,还避免了直接接触可能对文物造成的二次破坏[21]。

数字化技术实现了对文物信息全方位的记录和保存,成为了让文物"活起来"的根本基础[20],大大缩短了实现文物再现的时间,在提高工作效率的同时为公众认识和了解历史文化提供了有效途径,如图2.14所示。

图 2.14　文物数字化保护展[23]

2.1.3　与文物病害有关的专业术语

1. 文物实体病害

文物实体病害一词泛指文物实体与其初始状态相比在微观结构、表面性能、力学结构、外观品相等方面发生变化的所有状态。其中有些状态对文物实体材质稳定性、结构稳定性以及外观品相无明显不良影响,或产生不良的影响十分缓慢或基本停止,这种病害属于无活性病害,对文物实体而言有病无害;有些状态对文物实体材质稳定性、结构稳定性以及外观品相产生了明显损伤,并仍在持续危害文物实体,这种病害属于活性病害,对文物实体而言有病有害。另外,文物实体在制作之初也可能存在病害,属于文物实体的原生性缺陷。

文物实体病害作为一种现象是客观的,但对文物实体病害的定义却是主观的。从不同的角度观察和思考,对于文物实体病害的定义的侧重点也会有所不同。例如,侧重于文物价值的定义:文物实体病害是指在自然环境和人为因素的影响下所形成的,使文物实体结构安全和价值体现产生了异常或破坏的现象,并且这种现象往往是经历了一定的时间后积累而形成的;侧重于文物实体特征的定义：在内外因素的共同作用下，文物实体处于一种非平衡状态中，并不断劣化，最终发生质变，造成某一结构或功能的损伤；侧重于微观层面的定义：在文物实体长期与外界环境进行能量和物质交换的过程中，由于文物实体质点不断运动，自身的稳定状态被打破，致使自身的力学结构、材料性能等发生改变，从而出现影响到文物实体寿命的情况。

2. 脆弱

笔者认为对于文物实体而言，"脆弱"的定义应当为：当文物实体力学结构或组成材料受到外界微小扰动时，其结构稳定性或某种材料学性能发生剧烈变化（通常是性能指标下降），即可认为文物实体处于脆弱状态。

通过查阅资料可知，"脆弱"一般解释为：① 东西易碎易折；② 经受不了挫折，不坚强：感情脆弱、神经脆弱等。前者是指具体物体，后者是指精神层面。在英文中有 weak、frail、fragile、frailty、friability、frangibility、fragility、frailness、frangible、flimsiness、vulnerable、brittleness、tender、crunchiness 等多个词语与脆弱相关，从字面意思看基本含义包含了脆和弱两方面，但这都无法体现其科学含义。文物实体脆弱或脆弱文物指的是组成文物实体的材料或结构的状态与文物实体初始状态相比，发生了很大变化，是"变坏"了。也就是说，我们谈到文物实体脆弱，实际上是从文物材料和文物实体结构的角度去说的。这其中的脆和弱是本质，指的是材料或结构的性能，需通过测量才能把握其程度。具体测量什么？怎样判断文物实体脆弱？通常来说，表征物质性能的指标有多个，如力学强度、化学耐腐蚀能力和抗生物侵蚀水平等。逻辑上"脆"对应的是"韧"，"韧"是既软又坚，不易折断；"弱"对应"强"。实际工作中与"脆弱"相关的检测指标的确定应根据实际情况而定。不同的使用环境中，要求不同，需要检测的"脆弱指标"亦不尽相同，因此需要把握的指标及数值也不一样。

从定义可以发现，首先，脆弱是针对文物实体力学结构和组成材料而言的；其次，是在外界微小干扰下（如轻轻触碰、轻微振动等），文物的结构稳定性和材料性能快速下降。相反，如果文物实体不脆弱，那么外界微小干扰就不会造成文物实体崩塌或材料性能急速下降。最后，需要强调的是，"脆弱"是一种状态，而且是不稳定的状态，因为文物一遇外界扰动即可发生状态的急剧改变。就可移动文物而论，一般情况下，文物脆弱指的是文物实体材料性能变化，对结构稳定性考虑相对较少。

有了关于"脆弱"的定义，那么在实践中就可以研究设计检测文物实体"脆弱"的科学方法,首先选择适当的干扰方式,然后检测某一性能参数,依据参数的量值判断文物实体脆弱的程度。

3. 褪色

褪色指文物实体表面整体或局部颜色逐渐变淡,以至没有颜色,一般表现为肉眼可见的文物实体表面颜色出现的变化,主要是变淡直至完全消失。

以古代壁画为例,有些壁画刚出土时色彩十分鲜艳,但出土后由于温度、湿度突变,氧气介入以及水分蒸发等外界环境的影响,颜料层很容易发生风化褪色。此外,壁画中的有机胶结材料在温度、湿度变化,吸水膨胀以及失水收缩的反复作用下,会形成密布的小空隙,使颜料、胶料层内部介质不均匀,在光照、氧气等因素作用下,便会产生颜料老化、降解、发黄等现象。老化还会使胶结材料附着力降低,表面颜料颗粒部分脱落,颜料饱和度降低。与此同时,随着壁画表面粗糙程度的加深,介质的不均匀性会使光的散射增强,视觉上便会表现为色彩淡化、褪色[24]。

兵马俑作为古代人类智慧的结晶,体现了对应历史时期的战争文化与工艺水平。考古第一现场的俑体往往具有生动的颜色,如朱红、大红、粉红、深绿、粉紫、天蓝、中黄、黑、白、赭等,属彩绘陶制俑[25]。在地下水、土壤中的酸碱度、温度、湿度变化以及微生物侵蚀等因素作用下,俑体表面彩绘中的胶结材料流失,彩绘出现了严重的龟裂、起翘、空鼓、脱落等现象,这也是如今我们所看到的兵马俑大多呈现灰色的原因,如图 2.15 所示。

图 2.15　兵马俑表面褪色[26,27]

4. 变色

变色一般是指肉眼可见的文物实体表面颜色出现的变化,文物实体表面整体或局部颜色从一种颜色转变成另一种颜色。变色的原因之一是发生了化学反应,常见的有晶体结构转变(如朱砂变色)、生成氧化物(如蓝色颜料中铜与氧结合生成黑色氧化铜)、生成硫化物(如铜器中的铜与硫结合生成黑褐色硫化铜)等,也就是说原来的显色物质转变成了另一种显色物质,而且颜色差别较大,肉眼即可辨识。另一个原因是色彩饱和度发生变化,如用水或油润湿文物实体表面时,文物实体表面的颜色会发生变化,产生变色现象。这种变色并非发生化学反应即没有新物质生成,属于物理变化,封护文物实体时往往会出现此种变色情况。

部分颜料受光照以及温度、湿度的影响,尤其是紫外线的照射,结构会发生转换,颜色也随之转变。例如,红色颜料——朱砂受光照影响会由红色的六角晶体转化为黑色的单斜晶体,橘红色的四氧化三铅(Pb_3O_4)受温度、湿度变化的影响会被氧化成棕黑色的二氧化铅(PbO_2)[24]。

莫高窟从十六国时期的北凉起(420年前后),几乎每一个朝代的壁画都存在不同程度的变色现象。其中以北周、隋、唐(初唐、盛唐)、宋、西夏、元壁画变色较为严重。例如,隋代419窟顶部的经变本生故事(见图2.16),画面除青蓝、绿、白之外全是一片褐色,需仔细观察才能辨别出绘画的生动情节。变色不仅使画面灰暗模糊,还大大减弱了绘画的视觉艺术效果。同样的,莫高窟初唐、盛

图2.16 人字披东披[莫高窟第419窟(隋)][28]

唐的329、205、171等许多窟都存在上述情况,壁画上除青、绿以及朱砂之外,大部分呈棕、深棕、棕黑等不同深浅的棕褐色。相关检测分析结果表明,各种色度的棕色或褐色,其物相均为二氧化铅,此外,样品中还有铅丹存在,推测壁画中出现的棕褐色应为红色的铅丹在光照、湿度、温度等环境因素长期作用下变色而得。但第220窟甬道上现存的五代菩萨像壁画却保存非常完好,如图2.17所示,其上的红色颜料铅丹并未出现变色情况。这是因为该壁画完成于五代时期,大概过了100年(宋或是西夏)就被封闭起来,由此隔绝了空气和光照的影响,直到20世纪70年代,才得以重见天日,因此仍色彩鲜亮。

图2.17　新样文殊第一铺[莫高窟第220窟甬道北壁(五代)][28]

北周的莫高窟第428窟,如图2.18所示,其南北壁上的壁画人物都呈灰色,边沿呈黑色,白眼睛、白鼻梁、面容奇特。而南壁对面的龛中塑像两侧的菩萨眉眼、鼻、嘴以及面部的轮廓线条都很清晰,面容丰满,面部的肌肉基本上还呈肉色,略带灰色。该窟中心柱后面窟顶平棋上的飞天,身体仍呈鲜亮的肉色。上述情况可以证明我们现在所看到的灰色的南北壁人物也是从肉色的变化而来的,只因其表面的线条被完全风化掉了,才形成了目前的状况。值得注意的是,严重变色大多出现在光线比较明亮的地方,没有变色和变色不严重的一般处于光线较暗的位置[28]。

图 2.18　说法图[莫高窟第 428 窟北壁(北周)][28]

5. 失稳

由于环境条件的改变,文物实体的材料组成、理化性能或结构稳定性发生明显变化的情况,称为文物实体失稳。文物实体状态始终处于稳定与不稳定变化之中,这里的稳定是一种动态平衡。当环境因素发生变化,如温度、湿度、微生物、光、氧含量等方面产生变动,但还不足以引起文物实体材料发生明显变化时,文物实体可以在较长时间内保持这种状态。此时,可以认为文物实体处于稳定状态。由文物实体质点模型可知,质点始终处于运动之中,当质点运动程度较大,如质点改变数量较多、质点出现较大位移时,文物实体就会从稳定状态变为不稳定状态,即文物的失稳。而打破稳定平衡的原因往往是外界环境条件的改变。文物实体从稳定状态转变为不稳定状态有两种形式:一种是通过缓慢变化,从量的积累到质的转变,如展出过程中纺织品文物的颜色变化;另一种是爆发式变化,迅速转变,这通常源于环境的剧烈变化,如密封性较好的埋藏环境中出土的纺织品文物在刚出土时往往颜色鲜艳,但很快就会变成褐色、黑色[29]。

2.2 文物病害量化评估

2.2.1 文物实体病害术语溯源

文物实体病害又称文物病害,是指那些由于文物实体材质、结构和性能的改变,或环境的影响,外力参与导致的与文物实体原始状态不一致的现象,包括物理的变形、开裂,化学上的腐蚀、降解等,以及生物参与所产生的变化,如虫蛀、微生物腐蚀等现象。另外,文物实体病害还包括加工制作中的内部缺陷等原生性缺陷(青铜器铸造中较为常见)。

中文"病害"一词最早见于《后汉书·循吏传序》中的"光武长于民间,颇达情伪,见稼穑艰难,百姓病害",此处的病害是指民间的疾苦。实际上,在古代文献中很少使用"病害"一词,这是直到近现代才逐渐流行起来的。"病害"一词属于植物学的一个概念,在《植物病害诊断》一书中定义为:"植物体发育不良、枯萎或死亡,一般由细菌、真菌、病毒、藻类或不适宜的气候与土壤等因素造成,属于自然灾害。"[30]在文化遗产领域,"病害"一词为文物保护工作的专用术语,最早可追溯至19世纪末意大利学者G. Cuboni.提出的青铜器"病害"的相关概念[31],杨刚亮认为,"病害"一词在国内是1987年由中国地质大学潘别桐教授在龙门石窟进行勘察工作时首次提出的[32],在官方文件中最早则见于2003年国家文物局发布的《全国重点文物保护单位记录档案工作规范(试行)》中。可以说"文物病害"一词已被广泛使用了数十年之久,但是却没有相关文件对其进行科学的定义,业内也没有形成统一的认知。

文物实体病害的说法衍生自植物病害,并逐渐发展成为文物保护行业中常用的术语。但是,文物实体的病害不应简单地套用植物病害,文物实体病害应当分成文物实体的"病"与"害"两个不同的部分解读。简单来说,"病"是"病","害"是"害"。"病"是相对文物实体的"健康"状态或者初始状态来说的,是指与其健康状态或初始状态相比较出现了变化的状态。使初始状态发生改变的因素称为病因,其改变后的状态称为病态。而文物实体的"害"是指破坏文物实体稳定性、影响文物信息传播、缩短文物实体寿命的，使文物实体理化性能、宏观和微观形貌劣化的一种现象。"病"与"害"二者之间存在着紧密的关系，"病"属于量的累积，"害"就是量变引起的质变。可以说"病"是起因、过程，而"害"更像是结果。文物实体有"病"未必有"害"，有"害"则一定有"病"。有些"病"可能先有"害"，最终又转变成无"害"。例如，古代青铜器在埋藏过程中的变化——先发生腐蚀生锈，随着锈蚀产物不断增加，最后形成致密氧化膜（黑漆古），又使青铜器具有了耐腐蚀的能力，从有"害"转变为无"害"，而且有利，但"锈蚀"这种"病"依然存在，如图2.19所示。

图2.19　铜鎏金黑漆古素面释迦牟尼[33]

2.2.2　文物病害可公度

可公度性又称可通度性或可通约性，是指两个量可合并计算，且能用同一个单位来衡量。例如，以时间度量衡计算单位来说，以分钟度量的时间和以星期度量的时间是可公度的，因为分钟和星期之间有固定的比值关系。所以，分钟与星期两者具有可公度性。但以千米度量的距离和以升度量的水是不可公度的，因为千米与升是不可相关换算的。

诸如纺织文物的破裂、污染及残缺等多种病害,如果没有相应的定量分析方法,仅仅依靠对病害表观现象的简单描述,难以建立可量化的、统一的病害程度评估指标体系,不同文物病害分析数据不具有统一性和可比性。[34] 由于文物种类、材质的多样性,以及外观尺寸相差较大,在对文物病害等进行描述、对比时,需要一个可以进行公度的度量单位。

文物保护行业标准《可移动文物病害评估技术规程　丝织品类文物》中引入的"文物本体面积"概念有助于对文物病害程度进行科学判定。这里定义的文物本体面积是指文物的最大内接矩形区域,是保护修复工作中需要考虑的最主要的部分。"文物本体面积"适用于平面文物,如纺织品、纸质文物、壁画等。如图2.20所示,中度灰色色框内区域即为该件纺织品的"文物本体面积"。

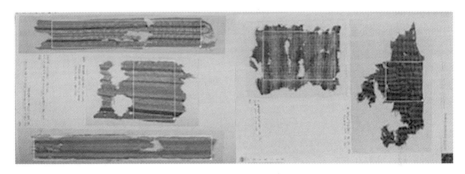

图 2.20　文物本体面积示意图

生物病害、残缺、破裂、污染、皱褶、褪色等文物病害,可以用若干物理量进行描述,如病害的长度、面积等。但由于不同文物实体其文物整体面积差距很大,仅靠测量文物病害的长度、面积来评价病害程度并不具有可公度性。[34] 但以"文物本体面积"为桥梁,计算病害面积或长度与文物本体面积相应量的比值,可以实现整体面积大小不同的文物之间病害程度的比较,解决文物病害可公度问题。

如图2.21所示,假设有两个尺寸不同,但整体面积和残缺面积均相同的纺织品文物A和B,A文物在边缘区域有较多残缺,B文物的残缺病害从边缘区域贯穿至中心区域。比较这两件文物,哪一件的病害更严重一些? 二者的病害程度是完全不同的。一般来说,一方面,人们希望文物能保留更大的完好区域,这对文物的价值展示更有意义;另一方面,纺织品、书画等文物的中心区域通常含有更丰富的信息,人们更希望中心区域得以完好保存。因此,在这样的观念下,B文物的完好性显然要比A文物差一些,或者说B文物的残缺病害比A文物严重一些。然而通过整体面积计算得到的两件文物的残缺率是相同的,无法区分两者的差异,这时候"文物本体"的概念就体现出了重要价值,以"文物本体面积"除以文物整体的残缺面积得到的参数可以用于表征文物的完好性。其公式为:

$$w = \frac{S_0}{S_C}$$

w 表示文物的完好度,S_0 表示文物最大内接矩形面积,S_C 表示文物全部区域内的残缺面积之和。文物的完好度可以理解为文物"完好区域"的面积与病害面积比。因此,我们可以发现 A、B 两个文物残缺面积与文物整体面积均相同,但两者的完好度 w 却相差很大。因此,对于病害面积占比相近的两件文物,通过完好度这一参数可以很好地比较两者的病害情况。在实际应用中,可以同时用完好度和病害面积占比两个参数对文物的病害分布情况进行表征,使表征结果更准确、丰富。

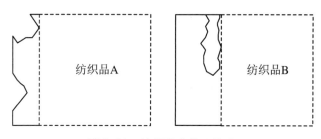

图 2.21　纺织品文物 A 和 B

"文物本体面积"概念的应用,实现了对文物病害描述的定量化,具有十分重要的理论意义和实际意义。其一,它可以使文物病害程度的评估指标转化为无量纲数,描述病害程度的无量纲数不会随文物尺寸大小而变化,若这些无量纲数相等,则表示不同大小的文物的病害程度相同;其二,有助于准确地了解馆藏文物的病害现状,明确保护修复的重点方向,为采取更有效的文物保护对策提供科学依据;其三,使病害数值具有了物理意义,如将文物本体长度方向的裂隙长度数值相加,然后除以文物本体长度,所得数值＋1 的物理意义是文物沿长度方向断裂产生的碎片数。

图 2.22 中的 l 表示文物本体面积中的裂隙,C_a 和 C_b 是裂隙或断裂系数,系数的整数位即表示沿 a 或 b 方向,文物断裂成的碎片数。

非平面文物可以用展开图的方式使用文物本体概念,使其可公度。

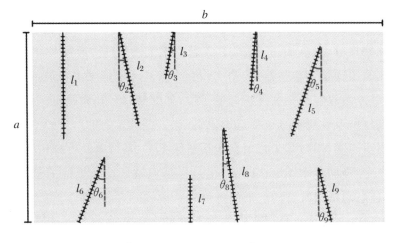

$$l_a = \sum_{p=1}^{n} l_p \cdot \cos\theta_p \qquad l_b = \sum_{p=1}^{n} l_p \cdot \sin\theta_q$$

$$S_a = \frac{l_a}{a} = C_a \qquad S_b = \frac{l_b}{b} = C_b$$

图 2.22 裂隙的物理意义示意图

综上所述,所谓文物可公度性是指用统一的尺度来评价文物某一现象的可能性。

2.3 文物信息

2.3.1 文物信息概述

通常我们看到的文物实体,外观形状各式各样,有圆形、方形、环状等,颜色有黄、白、青、黑等多种。考古学家通过研究文物的外观形状所具有的特征,根据文物类型学做比较研究,找出其与某一类型文化文物的相似之处,判断文物的文化属性。保护专家对文物外观颜色进行分析,可以了解文物实体材料所经历的环境类型及腐蚀情况。针对文物实体的外观形状、颜色、组成成分和材料腐蚀降解等客观存在现象,采用仪器分析以及人脑思考,得出各种观点、结论及解释,这些就是文物信息。

例如,对于金属文物来说,其材料及性能信息包括器物材料组成成分、表面成分、腐蚀物成分、表面痕迹成分;其工艺信息包括铸造、锻制技术、纺织加工等;其形制及纹样信息包括器型、铭文、花纹等;其环境信息主要包括埋藏环境;其保护及修复信息包括相关保护修复手段,如焊接、整形、黏接等。对于纸质文物来说,其材料及性能信息包括造纸原料(造纸纤维及助剂)、表面污染物、染料或颜料、书写绘画材料;其工艺信息包括造纸工艺;其型制及纹样信息包括纸张的尺寸、文字、画面及水印等;其环境信息包括埋藏环境及虫蛀的破损形态;其保护修复信息包括清洗、修裱、加固等修复手段。

由此可知,文物信息是对文物实体存在的各种客观现象的人为解读,是主观层面的认知,亦即人的认知。人的认知有多种形式,有文字描述、仪器分析检测数据、图解图示等。为什么说仪器检测的数据也是主观的?因为仪器是人设计制造的,是人脑加工的产品。所以,检测数据是人脑通过工具——仪器对文物实体客观现象的认知结果。

对文物实体客观现象的认识需要多方面的知识,既有人文科学的,又有自然科学的。除此之外,还需要见多识广的经验积累。不同的人对文物实体客观现象的认识具有明显的差异性,对于受过良好的专业训练、知识和经验丰富的专家学者,通常他们的认知水平于高其他人,提出的观点、结论和解释正确率也高于其他人,也就是说他们得出的文物信息大多较为正确,也更有价值。尽管如此,经验丰富的专家学者有时也会出现较大的认知偏差或错误,这时得到的文物信息可能属于不准确的信息或错误信息。所以,我们所接触到的文物信息,并不都是正确的,要注意加以辨析。

实际上,文物信息的表现形式虽然是主观的,但它的内容是客观的。不论人类对文物实体存在现象的解释准确与否,准确的答案必然存在。人的认知只能无限接近这个答案,百分之百的准确性是不存在的。

综上所述,文物信息是人对文物实体存在的各种客观现象的主观认知所产生的解释、结论、观点等。还有一种说法是,文物信息是人对文物与人类历史有关的存在方式以及运动状态的合理解读(或认知结果)。文物实体的每一种存在方式和运动状态,都是组成文物实体的质点运动的结果。笔者认为通过文物质点运动概念以及质点运动的理论,可以构建文物保护信息学。

2.3.2 文物信息的十大特点

文物信息有其自身的特点,文物保护的本质就是保护文物的价值,究其根本是保护文物的信息,了解文物信息的特点,从而加深对文物价值的认知,并指导保护实践。文物信息的特点主要包括以下十个:

1. 时空性

文物信息是特定的时空对客观事物的反映,是对古代社会和自然环境变迁的现象、本质及规律的反映。文物实体含有的每一条信息都对应着一个特定的时空,我们今天见到的文物,既含有古代的信息,也含有现代的信息。文物信息产生、储存、传播等过程离不开特定的时空,这就是文物信息的时空性。

2. 依附性

文物是由分子或原子组成的物质实体,同时,文物实体又是文物信息的载体,二者关系类似于皮与毛的关系。文物信息依附于文物实体,如果没有了文物的物质实体,我们也就无法观察或探测到文物的信息。文物所承载的历史人文信息通过文物的物质实体展现,属于客观存在。信息依附于物质,物质蕴含信息。从这个意义上来说,文物信息就是文物蕴含的信息,它既包括文物的状态和变化特征,也包括文物在不同时间、空间与客观环境之间的联系特征。由人类创造的并与人类生活有关的一切有价值的遗物和遗迹,从不同角度展示了特定历史条件下的生产力发展水平和社会生活风情,生动地记载着各国各族人民生活生产活动的艺术成就和文化结晶,为后人了解前人的历史、科学、文化提供了"钥匙"。

3. 低强度

在提取的过程中,文物信息出现在仪器上的信号往往很弱。这是由两方面原因造成的。一是检测对象含量少,文物样品中的待检测成分(元素或特定基团)浓度往往较低,导致检测到的信号强度较弱;二是干扰严重(噪声背景强),在文物分析过程中,仪器出峰强度与文物样品所含成分(或特定基团)的浓度有关,文物分析中出峰强度普遍较弱。例如,常用于鉴定陶瓷文物产地的微量元素,其在陶瓷文物中的含量极低,出峰信号强度相比于其他成分弱很多。鉴于上述情况,在使用仪器对文物样品进行分析检测之前,往往需要对样品进行分离、富集等技术处理,以除去杂质,尽可能提高试样浓度,以最大限度地获取文物所蕴含的微量信息。

4. 动态性

从哲学的角度来说,信息是事物运动的存在或表达形式,运动是一切物质的普遍属性。[35]文物实体从产生到消失的过程不是静止的,而是在不断变化的,所以文物信息也是处于动态变化之中的。文物信息的动态特征表明,文物信息始终处于不断积累(时间和环境的印记)、转化(本体材料转化)的过程中,随着时间的推移,其信息量是增加的[36]。人类对文物信息的认知也在不断地变化,是逐步深化的过程。

5. 时空跨度大

文物信息与一般信息的区别在于时间跨度大,文物信息的积累经历了漫长的时间,大多数文物都具有数百上千年的历史,积累了多个历史时期和多种环境的信息,常出现旧的信息不断消失、新的信息不断出现的情况。

6. 破碎程度高

文物信息来源广泛,既有材料、环境等文化遗产物质科学方面的,也有古代历史、文化、艺术等文化遗产人文科学方面的,但大多存在丢失的部分多、完整性差、破碎程度高等问题。例如,考古发掘出土了不少六博棋,具体对弈的方法已无法知晓,再如某些乐器,现今只见实物,而不知演奏方法。

7. 来源复杂

单个文物信息可能存在多个来源,许多情况下,文物信息有可能与人的活动有关,也可能是环境因素作用所致,更有可能是两种或多种因素共同作用的结果。例如,出土青铜器中含有的铁、砷等元素,有可能来源于制作青铜器的矿料,也可能是同一墓葬中其他器物或土壤环境污染引入的。

8. 受干扰严重

文物实体经历使用、埋藏和保管等过程,极易受接触过的器物和环境中的成分污染。有的时候污染可能来源同一遗址中的其他文物,如同一墓葬中的铁器和青铜器会出现相互污染,使青铜器中含有铁、铁器中含有铜;再如文物修复对文物信息的干扰,宋代建筑经明代大修,修缮时用明代构件更换了宋代构件,有可能把极为重要的宋代建筑信息破坏了,致使宋代建筑信息受到极大干扰。有时文物实体发生的腐蚀降解反应以及污染也会对文物实体原材料的信息产生破坏和干扰。古代丝织品上常有血迹,血迹与蚕丝的成分相似,同属蛋白质,且含有相同的官能团,在红外光谱中谱峰出现的位置也基本相同,因此血迹污染物对古代丝织品的红外光谱分析结果干扰很大。

9. 多层次

文物的信息是有层次的,文物信息的层次分类有三种。一种是空间尺度层面的,文物的历史人文信息包含表观、亚微观、介观和微观多个层次。以陶瓷文物为例,其三维尺度体现了其诞生时的时代特征和社会文化,这些信息是表观的、肉眼可见的;内部矿物颗粒属于亚微观或介观层次,存在形式和形貌反映了陶瓷文物的烧制工艺。元素组成则属于微观层次信息,与工艺技术、原料来源相关。另一种分类是学科层面的,能够通过直接观察和仪器检测获得的数据,可称为"直接信息",如大量的理化数据,这些信息是属于物质科学层次的;还有许多只有通过研究才能得到的信息,可称为"间接信息",如文物价值、考古学研究等内容,这些信息是属于人文科学层次的。再一种分类是广域空间下的文物的信息分类:第一层次,为文物本身的三维数据;第二层次,为文物在遗址中的三维或多维数据(类似于小件坐标和倾角);第三层次,为社会文化特征(如产源、质地、色彩、制造工艺、纹饰特征、文化类型、共存关系、残破与修复状况、研究追踪、展览与保管记录等)。

10. 部分文物信息不可复制性

有三个方面的文物信息是不可复制(转录)的,一是随机性因果关系信息无法复制(随机因素),如窑变瓷器的信息;二是文物的时空印迹无法复制(时空因素),即文物实体所经过的时间历程;三是属于思想因素的文物的创作意识无法复制,拉奥孔雕像修复的教训本质上是艺术家的创作思想无法复制的具体体现。文物信息通过各种载体在特定时空表征和传播,文物信息所描述的内容能够通过如符号、声音、文字、图形、图像以及人的记忆(传说、口述史)等形式实现表征和传播。

2.4 文物预防性保护

自20世纪30年代罗马国际会议提出预防性保护理念以来,控制博物馆环境,减少不利因素对文物的损害,防患于未然,已成为文物保护界的共识。在对

文物开展预防性保护的探索、研究过程中,针对预防性保护发展现状,笔者有以下几点思考:

第一,对文物所处环境的认识不全面。文物环境是一个系统,它是由文物所处的温度环境、湿度环境、光照环境、微生物环境和大气环境五个子系统组成。这些子系统之间存在协同效应,对文物实体产生影响或作用。具体到每一类文物受哪种环境因素影响最大,一般情况下,有机质的光化反应速度可能快于由温度(热能)引起的反应,如有机质文物褪变色,在光照情况下的反应较快,无光照时反应很慢。因而可知,对于有机质文物,光照环境的控制尤其重要。对文物环境进行控制时,应将文物环境视作一个有机整体,它是一个系统,其中存在一个最主要因素。也就是说,在落实保护措施时,一定要结合文物类别,影响最大的环境因素应为主要调控目标。

第二,对预防性保护最终目的理解深度不够。多数人认为,预防性保护就是创造一个良好环境,让文物"舒服",不"生病"或"少生病"。这种认识并没有错,但问题可以提得更深入一些,文物在怎样的环境中才"舒服"?这个问题有点复杂。文物实体是古代材料,是"生病"的材料,可能是"病"得不轻的材料,它所适应的舒服环境可能需要根据"病"的种类和程度来判定,如夏天时发热病人在空调房里会感觉冷、不舒服的情况。文物预防性保护的最终目的是使文物材料"稳定",即不发生或尽可能少发生腐蚀降解反应。调控环境不是目的,是使文物材料稳定的手段。欲使文物材料稳定,就不能不考虑文物材料中的平衡关系,如吸湿平衡、热传导平衡、受力平衡等,这些平衡稳定的环境对文物材料来说才是"舒适"环境,也是我们应提供的预防性保护环境。想要实现这一点,我们还有许多基础研究工作要做。

第三,对文物环境"场"的性质理解不到位。博物馆室内温度分布具有场分布的性质,像重力场、速度场等一样。物理学中,存在着温度的场称为温度场,它是各时刻室内空间中各点温度分布的总称。室内各点的温度与空气流动情况有关,通常人们会感觉到博物馆内有空调的展厅,门口的温度比展厅里面的高,这是展厅门口空气流动快,把外部热空气带入的缘故。湿度、污染气体、光照等环境因素亦是如此,都具有场的特点。因此,在调控方案的设计上,应根据"场"分布的情况,合理安排监测点,以提高数据的科学性和可靠度,实现合理、有效的环境调控。

自20世纪30年代被提出以来,文物预防性保护理念已经成为当今文化遗产保护领域的国际共识,该理念主要基于对文物保存环境的监测预判,在风险发生之前或之初,及时采取有效措施,避免或减缓文物劣化,包括一切能够防止文物实体出现病害或者能够抑制文物实体病害发展的技术措施(包括环境调控、封护等)。值得关注的是,起源于20世纪50年代的、在当今广泛应用的风险防控理论方法与文物预防性保护理念十分相似,风险管理主要是在充分考虑不确定因素的基础上,通过风险识别、风险分析、风险处理,降低或减缓风险对目标的可能影响和破坏。笔者认为,预防性保护是目前最为有效、经济的文物保护手段,而风险管理理论可以很好地指导文物预防性保护工作,用于判定相关风险管理框架、方针和计划。

2.5 文物过度修复

做任何事情都有一个"度"的把握,文物修复亦是如此,因此要正确地把握度。在度的范围内,事物会有量变和部分不改变其主要性质的质变,质和量的统一使事物保持着相对稳定状态。一旦超过了度,事物的性质就会发生变化。所以,在修复文物时,不论修复技术如何先进、成熟,从某种意义上来说修复本身就是一种破坏行为,会对文物造成不可逆的改变。这种改变若使得文物的结构、性能更加稳定,外观得到应有的改善,保证了文物的性质没有发生变化,未违背文物保护理念和原则,那么这样的修复就是合理的修复,没有超出度的范围。若文物经修复后,外观、结构等发生了变化,文物的原状改变了,产生了质的变化,那么这样的修复就是过度修复。

以马德雷拉古堡的修复工作为例(见图2.23)。马德雷拉古堡位于西班牙西南部城市卡迪兹,兴建于9世纪,千年来受到摩尔人与基督徒的猛攻,加之自然环境中风雨的侵蚀,仅剩断瓦颓垣[37]。2016年3月,出于不可移动文物保护的现实需求,对于该古堡的保护修复工作启动,然而古堡修复后的效果却令人大失所望。直接用水泥加固墙面的修复方式,不仅使古堡丧失了原本的艺术风格、古意全失,而且严重破坏了文物的客观真实性。反观秦始皇陵铜车马的保护修复工作,1980年发掘出土的秦始皇陵铜车马,由于原有的木椁早已腐朽、上部填土塌陷，损毁严重。一号车出土时全车共破碎成 1325 片，二号车出土时全车共破碎成 1685 片，断口 2244 个、破洞 316 处、裂缝 55 处。该项修复工作从 1980 年 12 月一直持续至 1988 年 4 月，不仅最大限度还原了文物的原貌，而且修复后的文物呈现出"远观一致、近观有别"、浑然一体的和谐美，为研究秦代冶金、铸造、机械、车舆及系驾方式提供了极为珍贵的实物资料[38]（见图 2.24、图 2.25）。

图 2.23　马德雷拉古堡的修复前后对比[39]

图 2.24　秦始皇陵铜车马修复前[38]

从过度修复的案例中可以看出，"过度"主要体现在文物的形制（外部造

图 2.25 秦始皇陵铜车马修复后[40]

型)、颜色、纹饰、材料等方面发生了改变,如在梵蒂冈西斯廷教堂的修复工程中,修复人员在清洗米开朗基罗壁画时,无意中将画中人物的双眼清洗掉的过度修复。

从过度修复对文物造成的不良影响来看,主要是破坏了文物的完整性、客观真实性及所蕴含的价值。文献资料中常使用"不当修复""破坏性修复"等不同词语进行表述,其实它们都属于"过度修复"这一范围,只是对修复过度不同程度的形容而已。

这个"度"是什么?是文物保护的原则和理念。修复人员对于修复工作起着至关重要的作用,对修复理念的认知不清和错误运用、修复知识缺乏以及修复技术操作不当等都会对文物修复造成不良的后果。

值得注意的是,"过度"与"过错"存在着本质差别。文物修复包含了主观(修复动机)和客观(修复实践)两个层面,专业修复人员在主观层面上都希望修好文物,使其得以长期保存的。可是,许多情况下,由于技术条件的制约,或受其他客观因素(可行性、大众认知程度、对理念的不同看法)的影响,美好愿望难以实现,不可避免地出现了"过度修复"现象,但并没有对文物造成不可弥补的损伤;"过错"却是在主观和客观两个层面都出现了问题。例如,主观上片面追求商业利益,或违反国家对文物保护的相关规定,同时在客观上采用不合适的材料、工艺及方法,对文物造成了不可弥补的损伤,这样的商业性的修复,不论从主观还是客观层面来看,都有违文物保护的理念和原则,应属于"过错"。

2.6 文物复制

2.6.1 部分文物信息的无法复制性

为什么说文物复制品只复制了大部分文物信息呢?此问题在文物信息属性部分已有简单介绍,这里做进一步论述。部分文物信息的无法复制性这一问题涉及文物复制的本质是什么?要回答上述问题,就必须弄清楚在文物复制过程中,文物所承载的信息中哪些可以复制、哪些无法复制。笔者认为,文物的显信息,如形状、色泽、花纹、铭文、物理结构(通过直接观察或简单测量即可得到的信息),能够被复制;而无法被复制的文物信息主要有以下三种。

1. 随机性因果关系信息(随机因素)

文物实体包含的信息中,一部分是非人为因素造成的或非人为可控制的,这部分即为随机性因果关系信息。例如,文物实体材料分布的不均匀性、窑变瓷、开片形式、微孔隙和微气泡等信息。材料的不均匀分布、窑变色彩的变化,以及文物实体中微孔隙和微气泡的尺寸、类型和分布等,都不是制作人能够控制的。

2. 时空印迹(时空因素)

文物的时空印迹包括在特定环境中形成的腐蚀降解特征、特定埋藏环境中带入的物质、使用的痕迹、吸附的微量物质。世界上的事物都有特定的时空印迹,典型的如人和生物的生长,人的年龄和植物体形成的年轮都是特定的时空印迹,这种印迹不只是表面有,而是从内至外都存在的。对文物实体而言,则指的是内层和表面的腐蚀降解特征。时空印迹是在特定时空中形成的,是大自然的杰作,不可以人为控制的。总之,文物复制是一种企图用"新"表现"旧"的行为,即用的是新材料,却想要表现旧材料的感觉,这种行为实际上是无法实现的。因此,文物复制品不可能摆脱"新"的印记。即便是对复制材料进行了加速老化,加速老化材料也无法与文物自然老化等同日而语,因为前者没有时空印迹。

3. 文物的创作意识(思想因素)

创作意识无法复制有两层含义:① 从文物本身来说,创作意识不可复制。俄罗斯画家、美术理论家瓦西里·康定斯基曾说过,"每个时期的文明必然产生出它特有的艺术,而且是无法重复的"。创作意识不是物质,是人脑活动的结果,是思想层面的,因而不存在物理意义上的复制。文物制作人生活在特定的时空,文物实体的形、文字、花纹、色,以及使用的材料和工艺,均与其当时的创作意识有关。创作思想是由获得的经验和教训、自身的情趣、作品寄托的情感和已有的模本认知等共同作用形成的,是旁人无法完全认识清楚的。例如,莫言小说中的人物原型,是特定时空的客体,也许只有莫言才能观察到,从而使他产生特有的创作思想,所以作品才如此生动。② 从文物复制品角度而言,文物复制只是一种模仿,而非创作,复制品不是原作者所创的,缺少原有的创作动机和创作思想,或者说复制品只表现了复制者的创作意识,即怎样模仿,期待获得什么样的模仿效果。

因此,通过对文物上述三个方面无法复制信息的分析,可以再次证明文物复制品不是文物。文物复制最多能做到"似"这样,而做不到"是"这样。尽管文物复制存在三个"无法复制",但文物复制品因其承载着文物大部分价值信息,并使文物信息在空间和时间维度得以传播,同样具有文化传播和技艺传承功能,因此,文物复制品仍具有重要价值。

2.6.2 文物复制品与文物的区别

文物复制是指依照文物的体量、形制、质地、纹饰、文字、图案等历史信息,基本采用原技艺方法和工作流程,制作与原文物相同制品的活动。[18]这样生产出的制品就是"文物复制品"。复制方法有文物拓印、翻模制作、3D 打印制作等。

文物复制品是不是文物?从文物的定义可知,文物是人类在社会活动中遗留下来的具有历史、艺术、科学价值的遗存。文物的基本特征是：第一，必须是由人类创造的，或者是与人类活动有关的；第二，必须是已经成为历史的过去，不可能再重新创造的。[41] 由此可知，文物复制品不是文物。

文物复制品与文物的区别在哪？一是创作思想的区别，复制品不是原创者的作品，只是原创作品的外观形状和材料信息的转录；二是时间和空间方面的区别，文物出现时的空间和时间（及各种状态），复制品是没经历过的，这是时间悖论决定的，无法改变。

文物复制品的作用是什么？第一，转录文物信息，成为文物部分信息的载体；第二，传播文物信息，通过展示使文物信息在空间和时间维度得以传播。

既然文物复制品不是文物，那为何要对文物复制品进行管控？这是因为文物复制品转录了部分文物价值信息，具有了与文物实体相似的特点，容易使人们误认为文物复制品具有文物价值。文物复制品转录文物信息，本质上与文字记录、影像图片等记录方式没有区别，都具有一定的研究和观赏价值，其实这就是文物复制品这种特殊"产品"的价值。但无论文物复制品与文物的相似程度多高，它的地位始终是"赝品"。"赝品"具有干扰文物市场、扰乱博物馆文物收藏的负面作用，因此必须对文物复制品实施严格管控。2011年国家文物局发布的《文物复制拓印管理办法》中，大量内容涉及对文物复制品的管控。例如，第五条规定，批量制作文物复制品、拓片，不得使用文物原件；第八条规定，复制、拓印文物，应当依法履行审批手续。[18]

以上讨论的是现代文物复制品，如果是古代的文物复制品，如明代复制宋代文物的产品，传承到现在也就成为了文物，当然相对于它的复制对象，无论哪个朝代的复制品都是赝品。但一旦经过历史沉淀，赝品也可以成为文物。

2.6.3 文物复制与文物信息转录

前已述及，文物信息是对文物实体运动状态结果的描述，人们通过对结果的解读获取文物信息。文物实体运动状态是一定时空的产物，是客观存在的，是不以人的意志为转移的。文物信息的本质是文物实体上客观存在的各类现象，现象本身不会自我表述，当人类在研究时对这些现象予以解释，就实现了文物实体存在的现象向文物信息的转变。不论人类对文物实体存在现象的解释准确与否，准确的答案必然存在，只在于我们能否追寻到。

由于时间和空间不会消失,所以文物实体运动中产生的信息不会消亡,很多情况下我们得不到文物过去的信息,那是因为我们无法进入文物过去所处的时空。信息不像物质和能量,物质是不灭的,能量也是不灭的,其形式可以转化,如人类可以把电能变成热能,但信息的不灭性与物质不灭、能量不灭并非同一种含义。文物信息的不灭是基于文物实体运动状态不灭基础之上的。文物虽"破镜难圆",但构成镜子的原子、分子依旧存在,没有改变;作为完整镜子的状态现在已无法"看"到,但镜子的状态和从镜子状态解读获得的文物信息永恒存在。例如,古籍《考工记》原版已不复存在,但很多后世的古籍中引用了《考工记》,后人对引用的内容进行编辑,使其内容基本得以复原。

综上所述,文物信息的不灭性源于物质不灭和时空不灭。文物实体运动状态和文物信息依赖于特定时间和空间而存在,如果能回到文物实体消失之前的时空,则一定能看到已消失的文物实体。人类获得的文物信息可以经记忆、记录等多种方式进行转录,转录是将特定时空中的文物实体运动状态和文物信息再现的一种方式。民间典故、历史人物故事、神话传说都是历史信息的记录方式。

2.6.4 文物复制的重要性

近年来,无情的大火损毁了巴西国家博物馆、巴黎圣母院等多家博物馆,以及数以千万计的珍贵文物,令世人痛心疾首,深感灾害防护的重要。当灾害发生,损失无可避免,怎样才能将灾害影响降至最低呢?要实现这一点,就要向华为学习,提前做好预案,制订"文物复制备胎计划"。备胎计划的内涵是要求完整地记录文物信息,根据这些资料,我们能够较好地将损毁文物复制出来。

文物复制备胎计划主要包括以下几个要点:首先,文物档案资料的规范化。《文物藏品档案规范》(WW/T0020—2008)规定,在文物藏品征集、鉴定、入藏、编目、保管、保护、利用和研究等工作过程中形成的有关文物本体属性、文物管理工作和其他相关事项的历史记录,形式有文字、图表、照片、拓片、摹本、电子文件等,均属于文物藏品档案。[42]文物档案是记录文物保存现状、价值研究、保护利用的第一手资料,也是文物复制时需参考的重要信息,其重要性不言而喻。

其次,文物复制资料的规范化。文物复制资料实际上应属于文物档案的一部分。但文物复制资料比一般文物档案更详细、量化指标更全面,包括测绘数据、材料种类和组成成分、质量（常说的重量）等，形式主要以测量和研究获得的数据、高清图片以及文物制作工艺为主，必须包含文物复制所需要的全部信息资料。如今这些信息资料大多涉及文物的数字化保护内容。这些复制资料可供文物仿制使用，复制资料也可以采用保存模或范的形式，但模或范均难以长期留存。对于模制类文物，依据传统复制资料进行仿制，难免有依葫芦画瓢之感，建议未来可以制定以三维打印技术为核心的复制资料规范。

最后，文物复制管理的规范化。国家文物局2009年发布了《文物复制暂行管理办法》，旨在加强对文物复制的管理，是针对文物复制的管理规范。《文物复制暂行管理办法》制定的目的，是防止文物复制品扰乱文物收藏工作。但作为损毁文物"备胎"的文物复制品，其存在的目的并非扰乱文物收藏，而是力求最大限度再现文物的信息，也就是越"真"越好。因此，文物复制要有权威机构负责监督和鉴定，复制方法、材料、工艺均需规范化。

复制是科学研究中经常采用的方法，建筑物复建、样品复制、实验重复、基因克隆等都属于复制的范畴。复制是自然界事物传承的重要的手段之一，同样也是文物传承的一种重要方式。对于已损毁的可移动和不可移动文物，如果档案资料齐全，可以复制再现，如古建筑物的复建。尽管是复建的建筑物，但当人们走进建筑物内，仍可以直观感受它的魅力，这是任何照片、图像和文字资料都所不具备的。

由此可知，建立文物复制资料（档案）规范或标准，开展文物数字化保护是降低文物实体损毁影响的重要工作。

参 考 文 献

［1］ 周礼之邦　西周陕西［EB/OL］.［2023-02-09］. https://m.zhangyue.com/readbook/12616639/18.html? p2＝116422.

［2］ 央视新闻.三星堆遗址发现最明显、最大面积的丝绸残留物［EB/OL］.（2021-05-31）［2023-02-09］. https://cando.cditv.cn/show-104-1504511-1.html.

［3］ 地道风物.这座低调的十三朝古都，凭啥又火了？［EB/OL］.（2021-12-09）［2023-02-09］. https://www.bilibili.com/read/cv14348331.

［4］ 书楼寻踪馆.殷墟祭祀车马坑［EB/OL］.（2012-08-28）［2023-02-09］. http://www.360doc.com/content/12/0828/01/8413713_232720728.shtml.

［5］ 陕西省考古博物院.陕西汉墓现罕见陶仓装满小米［EB/OL］.(2021-04-20)［2023-02-09］.https：//www.sohu.com/picture/461773082？block＝focus&index＝2&tc_tab＝new.

［6］ 考古学残留物分析实验室.植物微体化石研究方法［EB/OL］.［2023-02-09］.http：//www.archeoresiduelab.com/method.jsp？typeid＝19.

［7］ 分析木材中水分的特点及纤维饱和点时木材的物理力学性能［EB/OL］.(2016-01-26)［2023-02-09］.https：//anywood.com/news/detail/41052.

［8］ 详解木材中的水分种类！［EB/OL］.(2019-06-21)［2023-02-09］.https：//www.lubanyuan.cn/jishu/mcgz/3260.html.

［9］ 吴天才,宋俊荣.法门寺地宫出土丝绸的揭取方法［J］.文博,2003(3)：73-76.

［10］ 李晓晨,刘远洋.浅谈出土粘连纺织品文物的揭展保护［EB/OL］.(2015-02-17)［2023-02-09］.https：//www.doc88.com/p-1377542594555.html.

［11］ 古代纺织品保护研究［EB/OL］.(2014-10-22)［2023-02-09］.https：//www.docin.com/p-939848355.html.

［12］ 吐鲁番古干尸"揭衣"：中国考古专家探秘西域古纺织技术及服饰文化［EB/OL］.(2013-11-21)［2023-02-09］.http：//www.gov.cn/govweb/jrzg/2013/11/21/content_2532013.htm.

［13］ 周凤玺,应赛,蔡袁强.多孔介质中晶体的结晶压力分析［J］.岩土工程学报,2019,41(6)：1158-1163.

［14］ 郑志华,郭迅.硫酸钠相变及其对壁画危害的实验研究［J］.防灾科技学院学报,2020,22(4)：43-48.

［15］ 罗曦芸.饱水文物传统脱水方法与超临界流体干燥技术的应用［J］.文物保护与考古科学,2002(S1)：101-107.

［16］ 张杨,陈子繁,龚德才.糟朽皮革保护加固材料的研究［J］.中国皮革,2017,46(3)：22-26.

［17］ 流婉娱乐记.失败的修复工作：让人"哭笑不得"的8个被修复失败的著名杰作［EB/OL］.(2021-05-24)［2023-02-09］.https：//www.360kuai.com/pc/9a6a10e49262ff628？cota＝3&kuai_so＝1.

［18］ 文物局关于发布《文物复制拓印管理办法》的通知［EB/OL］.［2023-02-09］.http：//www.gov.cn/gongbao/content/2011/content_1893975.htm.

［19］ https：//baijiahao.baidu.com/s？id＝1637216249882657336.

［20］ 卜叶.数字化技术为文物保护注入强心剂［N］.中国科学报,2020-05-28(3).

［21］ 耿国华,冯龙,李康,等.秦陵文物数字化及虚拟复原研究综述［J］.西北大学学报(自然科学版),2021,51(5)：710-721.

［22］ http：//www.hrtv.cn/yczg/toutiao/492357.html.

［23］ 文物保护3D打印［EB/OL］.［2023-02-09］.http：//www.spjiang.com/spjiang7.html.

[24] 裴继芬,李玉虎,杨娟.酥粉、风化褪色壁画的显现加固研究[J].人类文化遗产保护,2011(00):65-67.

[25] 李娜,耿国华,龚星宇,等.采用纹理图像对兵马俑褪色的复原方法[J].西安电子科技大学学报,2015,42(4):127-132;170.

[26] 古迹寻踪.你可能见所未见的老照片,秦始皇兵马俑竟是彩色的[EB/OL].(2018-10-28)[2023-02-09].http://www.yidianzixun.com/article/0KMqZmi2.

[27] https://baijiahao.baidu.com/s?id=1646004530605286392.

[28] 丝路遗产.浅谈敦煌壁画的变色问题[EB/OL].(2016-11-03)[2023-02-09].https://www.sohu.com/a/118047025_501362.

[29] 龚德才.文物保护基础理论[M].合肥:中国科学技术大学出版社,2019.

[30] 江苏农学院植物保护系著.植物病害诊断[M].北京:农业出版社,1978.

[31] Mond L, Cuboni G. Atti Della Reale Accademia Dei Lincei. Rendiconti, Classe Di Scienze, Fisiche, Matematiche E Naturali [Series 5] 2.1. Semester (1893): 498-499. Print.

[32] 杨刚亮.关于"病害调查"的若干思考[N/OL].中国文物报,2010-9-17(004).

[33] LOT 326 铜鎏金黑漆古素面释迦牟尼[EB/OL].[2023-02-09].https://www.artfoxlive.com/product/7408633.html.

[34] 龚德才,朱展云.文物本体的定义与应用[N].中国文物报,2013-10-18.

[35] 陈爽.论信息技术教育中信息概念的包容性[J].中国信息技术教育,2008(5):29-30.

[36] 詹引,胡玉宁.信息学三定律及其在生命信息学领域的体现[J].卫生软科学,2009(4):15.

[37] 域鉴收藏.文物修复失败案例:拜托这些"奇葩"文物修复师快住手![EB/OL].(2019-11-09)[2023-02-09].https://www.360kuai.com/pc/92b92783d8384de18?cota=3&kuai_so=1&sign=360_57c3bbd1&refer_scene=so_1*.

[38] 中国十大文物修复案例[EB/OL].(2016-11-25)[2023-02-09].http://www.360doc.com/content/16/1125/09/32773547_609348815.shtml.

[39] http://news.huaxi100.com/show-166-752200-1.html.

[40] 嬴黎文史.《中华帝王全志·卷一·秦纪一·始皇帝》附秦始皇陵参考资料[EB/OL].(2019-03-31)[2023-02-09].https://www.bilibili.com/read/cv2361035.

[41] 胡泽学.关于农业文物资料搜集、整理应该注意的几个问题[J].古今农业,2021(1):108-115.

[42] WW/T 0020—2008,文物藏品档案规范[S].

第 3 章　论文物保护理念与原则

　　文物是历史的见证,每件文物的产生都有其独特的历史背景,是历史和人类智慧的结晶。它给人以启迪和警示,无论是从正面还是反面给人们的教益,都是任何其他物品或方式所不能替代的。

　　文物保护的目的,从宏观上讲是为了保存人类文明成果,为研究和解读历史提供科学依据。随着人类社会的演变和发展,历史可以为现代人的创新和发展提供经验和教训,这也是历史对于现实的作用和意义。人们对历史文物会不断产生新的认识,从而引起人们对历史的重视、回顾和反思。人类对历史的认知是不断变化和深入的,认知的发展速度及其科学性,往往取决于客观的历史条件和人的主观能动性。因此,作为客观的历史见证,文物便成为了人们认识历史的基础。

　　我国至今未能建立起独立、完善的文物保护基础理论的一个重要原因是,对于当代形成的一些保护观念和指导原则等没有系统的、明确的阐释和说明。世界各国对于文物保护和修复理论的研究都经历了一个漫长的发展过程,文物的保护和修复从起初为了彰显地位而掩饰珍贵的艺术品上的时间痕迹,慢慢发展为保护遗物、遗迹上的艺术价值、科学价值和历史价值。文物保护和修复的理念在探讨与争论中,不断地丰富、完善和发展,直到 20 世纪,文物保护和修复的原则、目的以及指导方针才逐渐系统化。

3.1 文物的真实性

真实性"authenticity"源自拉丁语系,其英文原意是确实、纯正、真正、真实、神圣、原作、诚实。大部分关于文物保护的国际宪章、文件、宣言和公约都提到了文物的真实性问题,"真实性"并非遗产界的专有词汇,在法学、哲学等其他领域也有广泛的使用。在文物保护领域,"authenticity"最早出现在1964年5月31日通过的《国际古迹保护与修复宪章》(简称《威尼斯宪章》)中,其首次提出了文化遗产保护的真实性的含义,即将文化遗产"真实、完整地传承下去"。[1] 1994年12月,世界遗产委员会在日本奈良召开会议,通过了《奈良真实性文件》,肯定了真实性是定义、评估、监控世界遗产的一项基本原则,并在世界范围内达成共识。[2]

一些学者建议将"authenticity"译为"原真性",也有人将其译为"本真性""真实性"。1999年,我国学者张松在《历史城镇保护的目的与方法初探——以世界文化遗产平遥古城为例》一文中,提出了"原真性"一词,并认为"原真性,又译真实性。主要有原始的、第一手的、非复制,非仿造等意思"。[3] 后来张松将《实施〈世界遗产公约〉操作指南》中"authenticity"译为"原真性",并将原文翻译成"原真性是检证世界文化遗产最重要的一条标准",同时张松将《奈良真实性文件》中相关提法也译为"原真性"。[4] 受其影响,2008年,学者陈志华对《威尼斯宪章》的译本进行修订时,将"authenticity"译为"原真性"。学者徐嵩龄支持"原真性"译法,他认为一个专业术语的翻译既要遵从于其原有的语境和原学科内的原意,也要便于回译,首先,"真实"含有"实体"的意思,而"authenticity"不止含有实体,还包括非实体;其次,"authenticity"含有时间特征,但"真实性"并无时间属性;最后,"真实性"的回译包含了"reality"等词汇,"authenticity"并非优先的选择[5]。但在2007年出版的《国际文化遗产保护文件选编》中,"authenticity"却统一被译为"真实性"。学者王景慧是"真实性"译法的倡导者,作为对徐嵩龄的回应,她指出"authenticity"所要表达的并不仅仅是原初的真实,还涉及历史全过程的真实,而"原真性"只强调了原初的真实,并不全面[6]。也有学者立足国内的文物保护原则,从"不改变原状"的角度,对"原"和"状"两个字进行了剖析,认为"原"字如果理解为"原初"会指代不详;理解为"原真"则涵盖了所有未经当代随意改变的客观存在,也体现了人对物的认识程度。[7,8]由以上看来,关于"authenticity"的翻译是有争议的。

中文本没有"原真性"一词,在哲学领域也没有关于"原真性"的解释,只是个别学者谈到现象学的创始人胡塞尔时在交互主体问题的语境中引入了近似"原真性"的概念,即"第一性的原始初创的立义"。从词语释义的角度来说,两者所表达的意思有所区别,"真实性"是指反映事物真实情况的程度,特指文学艺术作品通过艺术形象反映社会生活所达到的正确程度[9]。而"原"是时间副词,用于动词、形容词前,表示本来如此,相当于原本、本来[10]。根据语意,"原真性"即"原始状态的真实性",指反映事物初始状态的程度。"原真性"的时空概念比较明确,对应的是原始状态。而"真实性"则更多关注的是过程真实,时空域较广。即使文物实体上有作伪,其客观存在也是真实的,表明的是"作伪"这件事是真实发生的,应属于"真实性"的一部分。所以,真实性是许许多多个文物实体真实状态的叠加。

在1977年第一届世界遗产大会上通过的《实施〈世界遗产公约〉操作指南》中指出:"In addition, the property should meet the test of authenticity in design materials, workmanship and setting; authenticity does not limit consideration original form and structure but includes all subsequent modifications and additions over the course of time, which in themselves possess artistic or historical values."国家文物局在这段文字的译文中将"authenticity"表述为"真实性",即在设计材料、工艺、设置等方面应符合真实性检验;真实性并不限制对原始形式和结构的考虑,而是包括在时间的推移中所有后来的修改和补充,其本身也具有艺术或历史价值。综上所述,笔者认为将"authenticity"译为"真实性"似乎更为合适。

真实性原则是文物保护的最基本和最首要的原则,决定着文物保护工作的质量,其与文物保护三大原则等其他重要的文物保护原则有着密不可分的关系。

可识别性原则强调的是不改变文物的真实性。文物的修复效果从最初追求的"天衣无缝"到"远看一致、近观有别",可识别性原则的内涵正在逐渐科学化。可识别性原则通过对文物内部和外部进行不同的作色处理,对新添加部分采用刻画标识,以及使修复后的部位与文物原本部位的颜色、凹凸程度等有所区别来实现二者的可辨识。对受损的文物进行修复,而不改变其文物原状,从而使人们可以更加直观地了解真实的文物状态。可识别性原则既符合审美的情趣,也保留了文物在物质与精神、内涵和意境方面的真实性[11]。

可再处理原则强调的是不损害文物的真实性。可再处理原则指在文物修复的过程中任何一次修复行为都不能影响之后对文物的再次修复,使修复行为不改变文物的美学、概念、物理特征[12],强调的是应在不损害文物实体的前提条件下可进行再次处理,便于未来采用更先进的保护技术进行修复,因此每一次修复行为都不应破坏文物的真实性。

最小干预原则强调的是最大限度地维护文物的真实性。最小干预原则以实现保护文物安全这一目标为前提,在必要的情况下尽可能少地对文物本体进行干扰,即通过最小程度的介入来最大限度地保留文物的历史信息和维系文物的原本面貌,使文物的历史痕迹可以真实准确地留存下来。[13]

对文物进行保护修复时通常要求使用原材料和原工艺,其目的也是为了保持文物在工艺、材料等方面的真实性。使用了原材料和原工艺修复的文物实体,尽管修复部位的材料是新的或者说不是原先的,但材料的种类和使用的工艺与文物实体的相同或相似,就可以说修复工作没有破坏文物的真实性。

因此,究其本质,可识别原则、可再处理原则、最小干预原则是从不同层面尽可能地满足了保护修复对真实性的要求,这些文物保护原则相辅相成,共同作用于指导文物保护的实践。

真实性是许许多多个文物实体真实状态的叠加,在《威尼斯宪章》规定"传递古迹真实性的全部信息是我们的职责,必须尊重文物在每一个阶段历史对其造成的影响"后,真实性原则正式地成为文化遗产保护领域中的一项重要原则。随着社会对文化遗产保护认识的不断加深,随后颁布的《奈良真实性文件》《实施〈世界遗产公约〉操作指南》等也对真实性原则有了更进一步的补充和深化。在文化遗产保护工作中坚持真实性原则,即面对不同历史时代、不同破坏程度的文物以及不同修复材料和对象时,都应保证在充分调研和考察的基础之上实施保护,使文物信息真实、全面、完整地呈现和传承下去[14]。

3.2 文物的完整性

3.2.1 完整性的基本概念

"完整性"一词源于拉丁语学或拉丁文,意为表示尚未被人扰动过的原初状态(intact and original condition)[15]。完整性原则(integrity)作为文物保护的一项重要原则,意为不可分割的完整状态。1964年建筑师和技术员国际会议第二次会议通过的《威尼斯宪章》第十四条提出"古迹遗址必须成为专门照管对象,以保护其完整性,并确保用恰当的方式进行清理和开放""作为古迹组成部分的雕塑、绘画或装饰不能随意移动,除非这是确保其保存的唯一方式"。这也是国际宪章中首次使用"完整性"这一概念[16]。《威尼斯宪章》虽未对"完整性"作出详细的解释,但已认识到对于古迹的保护应将古迹内部的雕塑、绘画、装饰品以及一定规模的外部环境视为整体进行保护,为"完整性"的发展提供了方向。《西安宣言》等对文化遗产的认知范围进行了拓展,文化遗产的完整性也不仅仅追求物质与视觉上的完整状态,还应注意保持从古至今它们与周围环境空间关系和精神文化层面的重要联系[17]。除此之外,《世界遗产名录》将完整性的检验要求从视觉完整性扩充至结构完整性和功能完整性,使得完整性这一检验标准趋于系统化。《世界遗产名录》中提出对遗产完整性进行全方位的检验,包括生态系统中的结构完整性、功能完整性和视觉完整性,如图3.1、图3.2所示。由此可见完整性意为不可分割、未破损的状态,包括材料的整体性、完整性、全体性[18]。以古建筑为例,古建筑所处的自然地理环境,古建筑的建造材料和技术、形制风格,建筑物内的附属文物等一同构成了文物的完整性(系统)。搬迁古建筑,改变或部分改变文物的形制,修复材料和技术与原建造时采用的不同,替换或移动建筑物室内附属文物等行为都是对文物完整性的破坏。

《实施〈世界遗产公约〉操作指南》评定真实性的指标有八个方面,即形式与设计、材料与物质、使用与功能、各种传统、技术与管理体系、基址与环境、语言及其他形式的非物质遗产、精神与感受以及其他各种内部与外部因素。文物保

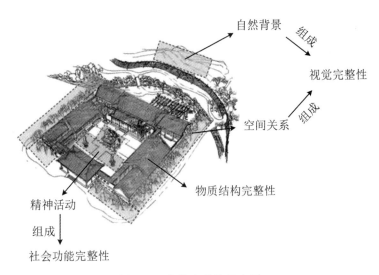

图 3.1　文物完整性示意图

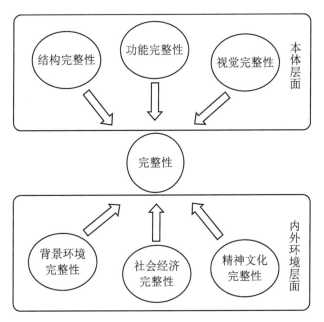

图 3.2　文物完整性内涵图示

护实施过程中,每一方面的真实性都必须得到妥善保护,不应受到任何破坏。八个方面的真实性共同构成了文物的完整性,是文物完整性内涵的本质,当八个方面的真实性都得到保护时,文物的完整性才能得到保障。

3.2.2 完整性的意义

维护文物的真实与完整有利于真实、全面地保存并延续文物的历史人文信息及所体现出来的全部价值,是文物保护的根本目标。对文物完整性的正确认知是做好文物修复工作的前提条件,亦能够加深对文物修复意义的理解和修复程度的把握,自觉维护不改变文物原状和可辨识的原则。

图 3.3 断臂的维纳斯雕像[19]

文物完整性实际是指文物历史人文信息完整。《威尼斯宪章》和《世界遗产名录》等文件中所指的文物完整性,多数针对的是建筑遗产,即不可移动文物保护。对于可移动文物同样存在完整性的保护原则要求,以维纳斯雕像为例,现存的维纳斯雕像是残破的、不完整的。因为无论如何修复都不可能恢复到原来完整的样子,所以形成了不对其进行修复的共识,因此至今也没有对维纳斯雕像进行任何修复。公众看到的维纳斯雕像一直是残缺的,见图 3.3,只能欣赏它的"残缺美",这其实是一种无奈的选择。试想,如果找到雕像的残缺部位,毫无疑问,保护人员一定会对其进行修复,使其完整,让大家看到它的整体美,同时也能使它的艺术创作(思想)得以完整展示。文物完整方能更全面地展现文物价值。

3.2.3 完整性与真实性的关系

文物完整性与文物真实性的关系是怎样的?保护文物的完整性是为了更

好地彰显文物真实性。前文述及的八个方面,每一个方面的真实性都只能代表文物的"部分真实",只有在具备完整性的前提条件下,文物所显现的真实性才是完整的真实性而非部分的真实性,才能最大程度地展示文物的真实性。也可以这么说,多方面的真实共同构成了文物的完整性,只有当文物具备完整性时,其展示的真实才是文物最大的真实性。

真实性通常针对文物的某一方面而言,而完整性则是"全部真实性的总和"或"全面的真实性"。

3.2.4 完整性与完整度的区别

多数情况下,文物完整度容易与文物完整性混为一谈。因此,有必要强调文物完整度不等于文物完整性。完整度是文物实体的两个状态比较的结果,即现状与初始状态的比较,实际上指的是文物本体构成部分还留存多少。例如,一件瓷碗,其构成部分简单分为口沿、腰部和底部,假如口沿部分已完全损毁,那么与文物本体(初始状态)相比,完整度就是缺了口沿部分。文物完整度包括修复前的完整度和修复后的完整度,而完整性则指文物实体修复前的完整度,也就是说文物修复前的完整度即为该件文物的完整性。修复后的完整度可以称为"修复完整度",以示与修复前完整度的区别。从某种意义上来讲,"修复完整度"在视觉上改变了文物真实性和完整性。因此,文物修复只有美学上和视觉上的意义。一般情况下,文物修复是有依据的部分修复,不能臆造,即使不修复,依据也依然存在,只不过文物修复的依据没有在视觉上呈现而已。当然,修复的更重要的意义在于文物保护和文化传承,延长其材料寿命,利于展示利用。总而言之,完整性是无法修复出来的,无论"修复"与"不修复",本质上文物完整性都不会变化,但完整度可以通过修复实现视觉上的"重现",但即便如此,也不可能做到百分之百的"真实重现"。对不可移动文物而言,其完整性的内涵更为宽泛,包括文物实体的制作材料与工艺,文物所处的历史地理环境,与人类活动相关的文物与人的关系等。综上所述,完整度仅局限于文物实体,是视觉上的。完整性则包括了多个方面,包括众多关联关系,本质是描述文物的历史人文信息还留下多少,假如文物初始状态(包含历史人文信息)用数值表示为1000的话,现在留下的是800,那么完整性的量化指标就是800(如果可量化的话)。这些信息有的是显信息,有的是隐信息。显信息是直观的、可简单测量的,如文物的空间尺寸、结构、形制等;隐信息则是需要通过分析研究才能得到的,如文物的制作工艺、规制礼制等人类精神文化层面的内容。

3.3 最小干预原则

在文物保护发展的历史中,由于人们对文物保护目标和意义的理解不尽相同,公众总想知道"残破的文物本来是什么样的"。而保护专家则考虑的是尽可能让观众看到的都是真实的。因为这两方面的原因,文物保护发展史上曾出现多种修复观点,如卡诺瓦"极少主义"与托瓦尔森"完形"理念、杜克"风格式修复"与拉斯金"反修复",以及其后里格尔的"折衷主义修复"理念、以博伊托为代表的"文献性修复"、以贝尔特拉米为代表的"历史性修复"、以乔瓦诺尼为代表的"科学性修复"、以布兰迪为代表的"鉴定性修复"。通过对上述保护修复思想的总结,形成了若干文物保护原则,最小干预原则就是其中之一。随着人们对历史真实性的重视,文物保护工作理念也从受个人风格品位影响转变为以客观事实为依据,在此基础之上,人们开始反思文物干预程度并逐步确立了"最小干预"这一原则[13]。

3.3.1 最小干预原则的概念

"最小干预原则"(minimum intervention)是指在保证文物安全的基本前提下,通过最低程度的介入来最大限度地维系文物的原本面貌,保留文物的历史、文化价值,以实现延续现状、降低保护性破坏的目标。从本质上来说,最小干预原则强调的是最大限度地维护文物的真实性,即通过最低程度的介入来最大限度地保留文物的历史信息和维系文物的原本面貌,使文物的历史痕迹真实准确地留存下来。[13]

3.3.2 最小干预原则的形成及发展过程[13]

16—17世纪,西方美术作品收藏之风盛行,墙画分离法、壁画固定法等保护方法也随之发展。由于艺术家们的保护方法和理念各异,根据实际需要重新绘制、局部割裂原画等过度干预的案例屡见不鲜。贝洛里在指导拉斐尔保护壁画的工作中曾提出要"给予最大程度的关心",拉斐尔受其影响也在壁画保护中运用了重新补绘的方法,然而上述的保护行为并不利于艺术品的完整保存。

18世纪,文物保护思想发生了转变,人们逐渐认识到早期的过度干预破坏了作品本身的艺术价值和历史价值。因此,在修复过程中是否应采取更多的干预措施引发了激烈的讨论。彼得罗·爱德华兹(Pietro Edwards)主张尊重原有的艺术品,反对肆意地添加或删减。卡瓦萨皮也认为对残缺艺术品进行过多的干预不能被称为保护行为,在背景资料尚不清楚的情况下也不应进行复原;同时他提出保护应以文物的创作思想为依据,违背原有的艺术品风格则会影响后人的观赏及研究。尽管此时并未出现代表性的保护理论,但艺术家们坚持尝试寻求一种更为理性的保护方法。正是人们在保护过程中不断地反思和探索,才促使最小干预原则逐步形成。

19世纪初期,最小干预原则的思想萌芽,其产生与意大利新古典主义雕塑家、圣卢卡学院院长安东尼奥·卡诺瓦有关,他提出了"极少主义"思想。卡诺瓦对遗产修复一贯抱着极少主义的原则,他认为修复面临着风险,需要提前判断干预的后果。在当时,即使是最好的修复师都只是在较为简单的古罗马的作品上工作过,没有人能保证修复后的质量;并以当时的修复技艺无法保证修复质量为由拒绝修复著名的古希腊"埃尔金大理石雕塑"(见图3.4)。因此,他认为要尽可能采取较少的措施对文物进行干预,能不动的就不动。同时,他提倡古建筑保护应控制在最低的需求限度内,仅限于最基本层面的维持和加固即可,并主张维护完整性才可以彰显出文物的价值,因而必须充分尊重和保护历史的真实性。罗马斗兽场的第一次修复即践行了这一思想。多次地震致使罗马斗兽场发生严重的倾斜,木构支架岌岌可危,修复师通过在破损部位砌筑扶壁、拱内砌墙等方式对斗兽场进行基本加固和稳定,以维护斗兽场的历史原貌,如图3.5所示。卡诺瓦的"极少主义"思想强调保存罗马斗兽场每一个建筑残片的原始状态,并非刻意地进行复原,这次干预行为不仅充分体现了修复师对古代遗迹的崇敬之情,最大限度地保护了前人的精神文明成果,还为最小干预原则的正式提出奠定了实践基础,对以后的遗产修复及现代保护理论的发展产生了巨大而深刻的影响。

图 3.4　埃尔金大理石雕塑[20]

图 3.5　古罗马斗兽场[21]

"极少主义"原本是艺术领域的理念,意在对抽象形态的不断简化,直至剩下最基本的元素以进行的艺术探索,不彰显艺术家个性,表现的仅仅是一个客观存在事实。密斯·凡·德·罗的经典名言"少就是多"就是对极少主义艺术最具思想性的表达。在文物保护方面,"少就是多"可以理解为,干预越少越可能保留较多的原始信息。通过分析不难发现,极少主义修复本质上对应的是文物保护中维持原状的理念。通俗地说,最小干预原则就是"能不动就不动,能少动就少动",特别要"必须最大限度的避免实质性改动"。

20世纪以来,随着新的史学意识和哲学思想的发展,意大利学派更加注重寻求艺术欣赏性与历史真实性之间的平衡,进而形成了较为折中和成熟的保护理论。评价性（又称鉴定性）修复代表人物意大利罗马文物修复中心主任切萨莱·布兰迪认为艺术作品是不可分割的整体，艺术作品的碎片也具有"潜在的一体性"，保护便是重现"一体性"的行为。保护不是为了追求艺术性而重新翻新，也不是根据推测使其重现初始的状态，而是确保这些传递艺术形象的材料可以传承下去。以始建于 9 世纪的意大利标志性建筑——圣马可钟楼（Campanile di San Marco）的修复为例，相较于大规模的重建行为，布兰迪认为同样满足保护目标的小范围的干预行为更利于历史建筑的长久保护。因此，布兰迪在《修复理论》中正式提出了最小干预原则，即应最大程度地维护保护对象的内在本质，避免对其进行实质性改动。最小干预原则要求在保护工作中避免经验主义，从艺术作品本身出发，依据美学和史学价值判断干预的可行性，并对重建"潜在一体性"的修复限度作出规定，即应避免违背客观性的造假行为，不要覆盖原有的历史痕迹。同时，最小干预原则禁止修复师在修复中发挥想象力，防止其擅自修复残片使文物达到所谓的"完好"状态。艺术作品的创作意识和手段具有独特性，若为追求艺术效果而进行过多的个人解读，则会陷入过度修复的误区。布兰迪所提出的最小程度干预的修复思路，不仅奠定了主流修复理论的基础，还为早期艺术作品的保护工作提供了重要的实践依据。

第二次世界大战中大量文物被掠夺，古建筑物也遭到不同程度的损毁。战争结束后，工业文明和城市建设的快速发展使大量历史建筑面临着拆毁、重建问题，而现代主义对古迹价值和历史环境的冲击也引发了"应采取何种方式进行干预"的讨论。为适应时代的变化，1964 年，第二届历史古迹建筑师及技师国际会议（International Congress of Architects and Technicians of Historical Monuments）对古建筑的干预程度提出了更严格的要求，会议通过了《威尼斯宪章》，最小干预原则在《威尼斯宪章》中得到了强调和确认。《威尼斯宪章》规定，"任何添加均不允许，除非它们不至于贬低该建筑物的有趣部分、传统环境、布局平衡及其与周围环境的关系"，同时提出要避免过度使用修复材料，避免对保护对象造成不必要的损伤。《威尼斯宪章》以尊重客观史实为干预的前提条件，强调各个时代的历史痕迹都应予以保护，在保护过程中控制保护的限度和范围，不得依据凭空想象进行干预，尽可能少地介入，以保证文物的历史真实性，为世界文化遗产的保护工作提供了国际公认的纲领性的保护准则。

1972 年意大利公共教育部颁布的《修复宪章》（Italian Restoration Charter）延续了《威尼斯宪章》最小干预原则的指导思想，其中提到"适应性利用工作应限于最小限度、一丝不苟地保护外部形式,避免对古迹的类型性特征、结构性有机体、内部流线顺序进行敏感改动""应从实质性保护的角度审视所有的修复操作,尊重后来添加的元素,且无论如何应避免翻新式或复建式干预"。《修复宪章》以尊重并保护各种构成元素的真实性作为保护的基本要求,将其视为任何干预行为的优先考虑条件,只有在必要的情况下方可进行最小范围的干预,如在为壁画除尘时,应尽可能少地去除原本的粉化颜料,在对雕塑进行机械清除时不能影响雕塑本身及固着在上的材料等。《修复宪章》所制定的这些保护标准对古建筑保护,绘画与雕塑的除尘、清洗、加固等都具有重要的意义,同时又为世界各国的保护实践提供了指导方法。

3.3.3　最小干预原则的内涵[13]

我们对于文物保护的认识是一个不断深化的过程,从对文物本身艺术及历史价值的认可到思考如何最大限度地保留文物信息,艺术、哲学思想都对当今文物保护原则的形成有着不可小视的推动作用。也正是因为保护措施不当会对文物产生不可逆的损害,在文物保护中实现最小干预才显得尤为重要。

文物在长期的埋藏过程中与周围环境产生直接或者间接的联系,文物实体的平衡状态因此遭到破坏。虽然文物在过去某个时空中的状态是不可知的,但文物所发生的变化是各方面因素共同作用的必然结果。因此文物的老化并不是绝对的偶然现象,而是相对必然的客观结果。在特定条件下文物的老化仍有规律可循,这就为文物保护行为提供了理论依据。

一般来说,我们通过统一的标准来对行为结果进行评价,但当评价对象复杂多样、存在条件和目的不尽相同时,往往难以对其实施统一的评价。不同的文物保护对象,所用的材料不同,所采取的保护措施不同,处于自然环境之中的文物与恒温恒湿条件下的馆藏文物的保存要求也不完全相同;又加之科学技术的进步也会促使新的保护技术的出现,这些不确定性因素致使适用最小干预这一原则时不能一概而论。因此,最小干预原则具有相对性,应按照特定的时间、空间及保护对象和保护目标具体而论。适用最小干预原则并不代表片面地追求最小程度的保护,甚至使用不采取任何保护措施的极端方式,这种机械化的保护理念显然并不有利于文物的长久保存。最小干预原则,即以实现保护文物安全这一目标为前提,在文物受损且需对文物本体进行必要干预的前提下尽可能最小幅度地干预。

3.4 可再处理原则

可再处理原则,又称可持续性保护原则,是可逆性(reversible)原则的改进版。可逆性原则指修复中所实施的处理方法都可以通过可逆措施去除,使文物恢复到保护修复前的状态。但是这个原则已经被可再处理原则代替。

文物的技术保护是一个技术实施过程,这其中包括在文物上施加新材料,如在壁画上喷涂保护剂、在石刻上喷涂防风化材料、有机质地文物的防霉防虫处理和饱水漆木器的脱水加固等,或者改变文物的现有环境。不论采用哪一种方式,文物作为一个系统,必然与外界发生物质和能量的交换,依照热力学的定义,一个系统若与外界发生物质或能量的交换,必定会引起体系熵的改变,因而这一过程是不可逆的。因此,有必要澄清在文物保护中经常提及的可逆性问题,否则教条地搬用可逆性原则,势必会否定所有的先进方法,致使无法对文物进行保护。上述情况已有发生,特别是国外的一些文物保护工作者,一味强调可逆性原则,反对在文物上使用新的保护材料,认为改善文物的保存环境才是最好的保护方法。对于现存的质地较好的文物,改善环境条件也许是一种比较好的选择;而对那些质地十分脆弱且已无法陈列展出的文物而言,拒绝使用保护材料进行抢救性技术保护极有可能使文物的基本物质形态、人文信息遗迹全都丢失,荡然无存。

从科学的角度来看,文物保护技术处理过程的可逆性是不可能实现的,可逆过程只是理论上的理想过程,现实中是不存在的。在实际操作过程中,建议用可再处理原则替代可逆性原则,可再处理原则强调的是每一次的保护处理不应对下一次的再处理造成妨碍。举例来说,对于石质文物的防风化处理,假设所使用的防风化材料能够用溶剂或其他方法去除,或其分解后的产物与石刻文物的质地相近,则可以认为这种保护方法较好地符合了可再处理原则。

总之,可逆性与可再处理性,犹如理想与现实,理想永远是一种追求,而现实则是客观存在,现实问题才是我们必须面对和解决的首要问题。

3.5 可识别原则

可识别原则(distinguishable),又称可辨识原则,指文物在修复过程中,添加的残破或缺失部分要与文物原有的部分在整体外观上保持和谐统一,但又要和原有部分有所区分。应做到既可以让观者从外观上辨别"真"与"假",又不会出现以假乱真的现象。

可识别原则最早由意大利罗马修复中心主任布兰迪提出,布兰迪要求补缺物远观可实现美学整体性,近看仍与原作有别,不消除历史痕迹,整体呈现"和而不同"的识别效果。1964 年颁布的《威尼斯宪章》第九条指出"任何一点不可避免的增添部分都必须跟原来的建筑外观明显地区别开来,并且要看得出是当代的东西"。《威尼斯宪章》第十二条对可识别原则进行了补充与完善,"补足缺失的部分,必须保持整体的和谐一致,同时,又必须使补足的部分跟原来的部分明显区别,防止补足部分使原有的艺术和历史见证失去真实性"[1]。文物修复可识别原则的应用主要有以下几个方面。

1. "六英尺六英寸"准则

"六英尺六英寸"准则是目前西方较为主流的易识别标准,即在约 1.8 m(六英尺)的距离内看不出修复痕迹,但在约 20 cm(约六英寸)的距离内应能够辨识修复痕迹[22]。

2. "内外有别"法

"内外有别"法是中国传统修复理念与西方现代修复理念融合的结果,即将文物展示的一面做到与周边颜色浑然一体,看不出破绽;在观众看不到的内侧部位则不做旧,使其从内侧很容易观察到修复部位。现阶段关于青铜修复,国内主要采取"内外有别"的可识别修复方法,作色时,将文物对外展示的一面做到与周边的颜色浑然一体;而观众不易观察到的内侧部位通常不做色或大体做上颜色,以显示修复部位[23]。"内外有别"法虽然具有实用性,但因观众欣赏角度不同,在未经提示的状况下仍存在混淆观察效果的隐患。

3. 刻画记录法(或称影线法)

刻画记录法即通过在文物修复后的部位上留下可用肉眼清楚辨认的刻画标识,便于判断该文物是否经过修复以及修复的具体位置。例如,在文物建筑的修复过程中,在维修时新加入的构件上标注时间和厂名等文字以体现可识别性,或对有历史依据的部分进行补全时,要根据情况使用轮廓线来界定修复区域。这种可识别的处理方法最为直接和明确,不易产生歧义和误读,可以有效避免日后修复发生判断错误[24]。

4. 修复表面与原存表面区别法

修复表面与原存表面区别法即通过使修复后的部位与文物实体原表面的颜色、凹凸程度等有所区别来进行辨识。在实际修复中,西方主要采用"补底原面"的方法,即缺失部分作为感知作品的"底",略低于原部件,不干扰原部件的"面"。此外,补缺部分的填色也与原件有一定差异。这样,缺失部分造成的干扰不仅被减小了,还体现了文物的物质真实[22]。

5. 修复材料荧光标记法

修复材料荧光剂标记法即在修复材料中添加荧光剂,采用含有荧光剂的保护修复材料修复文物,待修复工作完成后,修复部位自然带有了荧光标记。在日光和一般室内灯光的照射下,修复部位荧光标记不会显现,但当用紫外光源照射时,修复部位的荧光就会清晰展现,使得观众或研究人员能够知道文物实体哪些地方经过修复,满足了可识别原则要求,实际效果如图 3.6 所示。

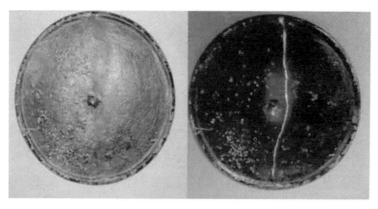

图 3.6　青铜镜修复部位(荧光处)日光下与紫光下对比

3.6 风险管理原则分析[25]

文化遗产是文化传承的纽带和人类文明的瑰宝,然而很多珍贵的文化遗产却因遭受自然或人为因素的破坏,正面临损毁和坍塌的风险。因此,在文化遗产的保护方案设计和技术实施过程中应强调"风险管理"是刻不容缓的。所谓风险管理,是指管理人员采取各种措施和方法,减少或消除风险事件发生的各种可能性,或者减少风险事件造成的损失。在文化遗产保护中,风险管理原则有三层含义:一是在文物未受到损害前采取预防性保护措施,避免文物受到损害;二是对于已经受损或正在受损的文物及时采取有效措施,终止破坏的继续发生,尽可能保留文物的最大价值;三是对人身安全、财产、环境等进行风险管理,避免或减少损失的发生。

一般来说,文化遗产保护中的风险管理主要涉及三个方面:有哪些风险?如何划分风险等级?该采取什么措施处置风险?这些问题恰好对应了风险管理中的三个基本环节,即风险识别、风险评估、风险处置。风险识别是指风险管理人员运用专业的知识和方法,系统判断可能对文物、环境、人员、财产等造成威胁的因素,一般是通过现场调查和专家咨询等方式制作风险清单。发现风险源是风险识别的核心,风险源通常包括灾害、环境、生物和人类行为等。在对风险进行识别和分类后,接下来要做的工作就是风险评估。风险管理人员需要在风险识别的基础上,通过判断损害的可能性及损害的严重程度来分析和量化风险程度。而风险评估的关键是风险等级的确定,如将风险发生的可能性和损害程度按一定标准进行划分,就可以得出相应的风险等级。需要注意的是,由于风险本身具有发展性,风险的可能性以及损失程度都可能随时间和空间的变化而改变,因此要将风险评估看作是一个动态的过程,科学、系统地对风险进行监测。

风险处置是风险管理的最后一环,就是根据风险评估的方案制定合适的对策,消除、减少事故发生的可能性,或降低风险造成的损失。对于风险较低的(即风险在可承受范围内)可选择承受风险,以保持现状为主,辅以少量保护措施。例如,对于石质等无机质文物,光线对其产生的影响不大,那么在选择光源时就可以适当降低要求。对于中等风险的,建议采取损失控制措施,即通过计划和采取措施降低损失的可能性或者是减少实际损失,控制阶段包括事前、事中和事后三个阶段。以彩陶加固为例,在加固前应进行斑点试验,检验加固剂是否符合要求;在加固过程中如果出现加固强度不够、彩绘脱落的情况应及时调整加固剂浓度;在加固后若出现表面成膜的现象,应用水或酒精等溶液擦拭表面,观察眩光是否消失,尽可能保证在损伤最小化的前提下,恢复文物原貌。对于风险较高的,可以考虑采取损失控制措施或进行风险转移,通过合同及保险的方式转移风险。这种方案可用于文物运输或外展活动,博物馆作为委托方与受托方签订协议,由受托方保证文物的安全,承担文物被盗窃或破损事件中产生的经济损失。对于高风险事件,原则上应选择风险回避,但在实际工作中,有些高风险事件无法回避,如配合基建的抢救性发掘,那么管理人员应有意识地通过降低风险等级来进行损失控制。例如,可以提前做好抢救性发掘预案,减少风险源,降低风险发生的可能性;或采取科学、有效的保护措施,降低风险发生时的损失程度。

值得注意的是,文化遗产保护中的风险管理不仅限于文物本体,也包括文物周围的环境、财产和人身安全。因此,风险管理者在进行风险管理时应系统、全面地考察任何可能出现的风险源,并进行科学评估,做好危险防范和应急处理。例如,要考虑到景区所能承载的客流量,避免因交通拥堵或游客拥挤引起踩踏事件;遇到突发的紧急事件,如火灾、爆炸等,在对文化遗产进行抢救的同时,也要在第一时间做好人员的疏散和财产的转移。

事实上,风险管理涉及文化遗产保护中的各个环节,涵盖了从现场保护到室内保护,再到博物馆典藏的整个过程,在文化遗产保护中具有十分重要的意义。风险管理作为文物保护原则被提出,主要基于以下几点。

1. 广泛的适用性

风险管理涉及文化遗产保护领域中的方方面面,广泛适用于不同种类、不同质地的文物,无论是对于文物的预防性保护还是抢救性保护都具有重要的指导作用。

2. 与时俱进的思想

风险管理原则的提出为文物保护理念的发展提供了一种新的视角和思路,它与以往的保护理念有所不同,如"可识别性原则""最小干预原则",将保护的重心由文物本体扩展到文物赋存环境、人身安全和财产安全。

3. 紧密的联系性

该理念的提出还将文物保护中的各个环节有机地结合起来,从勘探、发掘到保护、陈列,有力地加强了各个系统、各个部门之间的合作。目前,风险管理原则正在逐步推广到文物保护的具体工作中,且在一些文化遗产地的风险管理中已初见成效。由于我国的文物风险管理尚处于摸索和发展阶段,风险识别工作中仍然存在许多障碍,风险评估过程对评估人员经验的依赖较强,因此该原则的细化及量化还需要文物保护工作者共同推动。

3.7 考古发掘现场文物保护的理念与实践[26]

考古发掘是揭开历史之谜、探索人类文明发展进程的重要途径。成功的考古发掘离不开文物保护专业人员的参与,而考古现场的文物保护情况复杂,常会出现各种意想不到的情况。与实验室相比,考古现场各方面的条件都不完备,如材料、器材等,这就决定了现场保护工作只能是抢救性的、临时性的。无论何种性质的考古现场,现场保护工作开展前必须明了三个问题:一是现场保护的目的是什么(aim)？二是现场保护的原则如何掌握(principle)？三是现场保护的技术有哪些(technology)？这三大问题是考古现场保护工作中必须面对和解决的,我们不妨将其简称为"考古现场保护中的 APT"。

考古现场保护的主要任务是:在保留出土文物资料的完整性和现场保护技术措施不影响实验室后续保护处理及考古研究的两大前提下,使得发掘出土的文物在从出土现场到实验室这一特定的时间段内,得到妥善的维护。

毫无疑问,必须尽可能地保留出土文物资料的完整性,任何有损于出土文物的形状、纹饰、文字、色泽和表面装饰物等的保护技术措施都是不当的。如果在考古现场,保护工作做得比较完善,那么就可以减少许多损失(包括资料性的和实物性的)。因此,将文物的物质实体和人文信息、历史遗迹完整地保存下来,这就是现场保护的主要目的。同时,考古现场保护也是整个文物保护处理工作的第一步,它的成功与否直接影响着实验室的保护工作能否顺利开展。由此可以认为,现场保护的原则是采用的技术手段和材料不应对后续的实验室保护处理及考古研究产生负面影响。

考古现场保护经常遇到的技术问题大致有如下几类:

第一,有机物的炭化,如粮食颗粒、木器、纺织品等。古墓葬环境基本处于贫氧状态。墓葬形成初期,墓室中含有一定浓度的氧气,随着墓葬中物质的氧化分解,氧气逐步消耗殆尽,形成了密闭的贫氧环境,这是埋藏文物得以长期保存的重要因素之一。相对而言,墓室环境是比较稳定的,但一经发掘,空气迅速渗入,环境条件迅急发生剧烈改变,氧化反应急速加快,自由基类的炭化反应随之出现,有机物炭化在所难免。

第二,有机物的脱水皲缩形变,特别是出土的饱水木漆器,如不及时采取保湿措施,器物会出现脱水变形的现象。

第三,冻损,冬季的考古发掘现场气温低,有时达零下十几摄氏度,出土的饱水器物会迅速出现冰冻现象,而水结成冰后体积增大,易导致器物冻裂。

第四,微生物腐蚀,埋葬于数百乃至数千年墓葬中的物品,结构比较酥松,加之富含大量微生物营养源,因此,微生物孳生代谢十分容易,极易发生微生物侵蚀。

第五,简单清洗,出土器物可以采用轻度喷淋和软毛刷清洗的方法,使用中性表面活性剂清理污物。

第六,加固,用可剥离性胶粘剂对脱落的漆皮等进行加固。图 3.7、图 3.8

图 3.7　山西省绛县横水镇西周倗国墓

中所展示的,是对山西省绛县横水镇西周倗国墓荒帷印痕残块进行的加固和揭取工作。

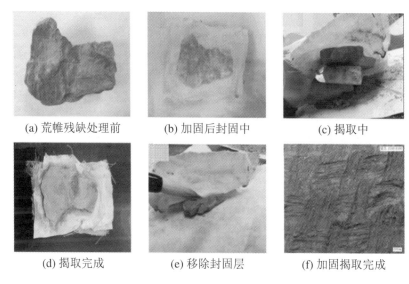

(a) 荒帷残缺处理前　　(b) 加固后封固中　　(c) 揭取中

(d) 揭取完成　　(e) 移除封固层　　(f) 加固揭取完成

图 3.8　山西绛县荒帷印痕残块的加固和揭取

第七,运输中的保护与缓冲包装技术。

考古发掘现场的保护必须进行充分的准备,俗语说"兵马未动粮草先行",准备的内容可分为设备和材料两大类。设备包括:照相机、CCD 视频放大镜(可以将样品细部放大后,将图象直接输入电脑)、取样袋(瓶)、工具(牛角刀、毛刷、毛笔、喷壶)、托板(架)等;材料包括:化学材料(防冻剂、保湿剂、防腐剂、胶粘剂等)、包装材料(宣纸、塑料薄膜、海绵等)、包装箱等。图 3.9 展示的是江苏

图 3.9　泗水王陵水坑出土木俑

泗水王陵考古发掘现场提取的木俑。

综上所述,现场保护采取的技术步骤可分为取样、保护处理和运输三步。从考古现场环境中的土质、水质、墓室内气体等获得的样品,称为环境样品。从文物上采集的颜料、漆片、纺织品、金属饰件、粮食颗粒、器物中的残留物等样品,称为文物样品。对所获取的样品进行科学的分析检测,是考古和实验室保护研究的重要依据。不仅如此,相关保护人员还应该时刻牢记,现场保护技术是经验和理论的结合,方法因文物而异,我们反对教条式的搬用结果,提倡因地制宜,具体问题具体解决。

3.8 文化遗产保护与传统工艺

《中国传统工艺振兴计划》由文化部、工业和信息化部、财政部制定,2017年3月12日经国务院同意并发布。《中国传统工艺振兴计划》中所提及的传统工艺,是指具有历史传承和民族或地域特色、与日常生活联系紧密、主要使用手工劳动的制作工艺及相关产品,是创造性的手工劳动和因材施艺的个性化制作,具有工业化生产不能替代的特性。[27]

众所周知,传统工艺是传统文化的重要组成部分,也是传统文化的实物表现形态,具有历史性、民族性、区域性等特点,是世界文化多样性的重要组成部分。传统工艺的产生、发展、成熟,经历了一系列的变化过程,从历史的角度观察,传统工艺一直在"因人、因时、因地"发生着变化。按照 Michael Polanyi 的理念,传统工艺属于手工实践,是通过身体感觉获得的技艺,是隐性知识,存在着不断丰富的发展过程。徐艺乙先生认为,"传统"两个字只是说明它传承于我们的祖先,这并不是一个限制它发展的词[28]。这两位学者从不同角度揭示了传统工艺不断发展的本质属性。

传统工艺为适应社会变化发生的一些改变,引发了社会的广泛争议。有人认为传统工艺的某些改变不影响其核心价值,反而有利于传统工艺的发展。也有人提出传统工艺不应该变化,或者变化的程度应明确在一定范围内。两种观点争议的焦点是传统工艺能不能"变",或什么样的"变"是被允许的。

传统工艺制作出的食物、乐器、服饰、家具和饰品等,其构成可以概括为三大部分,即"三要素":一是原材料,主要是天然材料;二是具体工艺步骤,以手工操作为主;三是产品形态,即具有三维尺寸的实物形式。三大部分随着社会发展、文化进步和科技水平的提高,常常会发生变化,而推动其变化的根本动力还是人。首先,事物的发展是一个渐进的过程,是动态的,传统工艺作为客观存在,始终处于不断的运动之中。传统工艺传承人需要生存,利用传统工艺生产的商品必须能够在市场上销售,使传承人可以此换取继续生产的原材料和维持自身生活的基本条件。如果传统工艺产品无市场需求,那么传统工艺也很难传承下去。这些要素使得传统工艺必须不断发生变化,在变化中求生存、求发展。变是绝对的,不变是相对的。变是为了提高产品的质量,使之更能够受到市场欢迎。不变是已经被人们认可、接受的且已固化的、本质的、特征的部分,就是那个"味"、那个产品"形式"、那种沁入人们骨子里的文化内涵和情感。传统工艺中不能变的是"传统工艺核心",一旦这些"传统工艺核心"发生改变,该传统工艺将不复存在。总之,传统工艺中不变的部分是传承的内涵,需要变的部分是一种适应发展需要和扬弃内容。

如何看待传统工艺中的"变"与"不变",以及二者之间是怎样的关系?这里以传统手工造纸工艺为例进行探讨。传统手工造纸在我国已有近2000年历史,其三要素为,主要原料:植物纤维;工艺(如造竹纸):斩竹漂塘、煮䈽足火、舂臼、荡料入帘、覆帘压纸和透火焙干(见图3.10、图3.11);产品形态:薄膜状。笔者认为对传统手工竹纸来说,原材料——竹纤维、关键工艺步骤——手工抄纸(浇纸法除外)和纸的形态——薄膜状,这三点不能变,手工竹纸的所有特点都可通过这三点得以展现。与其他传统工艺一样,手工竹纸在原材料的筛选、技艺的改良和产品的设计方面,亦处于不断探索之中。现在一些手工造纸作坊在纸浆制作、压纸、焙干等工艺步骤上使用了现代机器、机械,但抄纸仍为手工操作,纸的规格也日益丰富,这些变化没有改动传统造纸三要素的核心部分,继承了传统,保留了其核心价值,仍是名副其实的传统工艺(见图3.12—图3.16)。

图 3.10　富阳竹纸淋尿发酵工艺[29]

图 3.11　宣纸晒滩漂白工艺[30]

图 3.12　红星宣纸特净

图 3.13　古法构皮纸

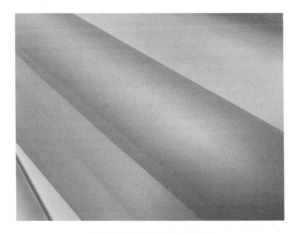

图 3.14　可打印构皮纸

图 3.15　金银粉蜡笺

图 3.16 流沙笺

　　传统工艺产品应避免成为现代机器产品,传统工艺指的是手工艺,传统工艺产品也许没有机器生产的产品精细,也不如机器的生产效率高,但传统的"韵味"是机器制作不出来的,而需要保留的正是这种"韵味"。对于用机械取代手工这个问题,国际上也存在争论。日本曾经规定在传统工艺生产过程中,不是主要工序的可以采用机械,但是所占比例不应超过 20%。[31]

　　随着社会经济的发展,传统工艺受重视程度越来越高。正确处理传统工艺中的"变"与"不变"的关系,有利于在市场经济的大潮中使传统工艺获得良性发展,更好地服务于当今社会。

　　联合国教科文组织于 2003 年通过了《保护非物质文化遗产公约》,其中界定的"非物质文化遗产"中就包括传统工艺。在联合国教科文组织的影响下,我国文化部于 2003 年启动了"中国民族民间文化保护工程"。2006 年 6 月,国务院公布了第一批国家级非物质文化遗产代表性项目名录,其中大约 1/4 属于传统工艺。[32]

参 考 文 献

[1]　国际古迹保护与修复宪章(威尼斯宪章)[Z].第二届历史古迹建筑师及技师国际会议,1964.

[2]　奈良真实性文件[Z].与世界遗产公约相关的奈良真实性会议,1994.

[3]　张松.历史城镇保护的目的与方法初探:以世界文化遗产平遥古城为例[J].城市规划,

1999(7):49-52.
- [4] 张松.建筑遗产保护的若干问题探讨:保护文化遗产相关国际宪章的启示[J].城市建筑,2006(12):8-12.
- [5] 徐嵩龄.文化遗产科学的概念性术语翻译与阐释[J].中国科技术语,2008(3):54-59.
- [6] 王景慧."真实性"和"原真性"[J].城市规划,2009,33(11):87.
- [7] 乔迅翔.何谓"原状"?:对于中国建筑遗产保护原则的探讨[J].建筑师,2004(6):101-103,30.
- [8] 祁润钊,周铁军,董文静.原真性原则在国内文化遗产保护领域的研究评述[J].中国园林,2020,36(7):111-116.
- [9] 阮智富,郭忠新.现代汉语大词典[M].上海:上海辞书出版社,2009.
- [10] 张玉金,申小龙,陈榴,等.古今汉语虚词大辞典[M].沈阳:辽宁人民出版社,1996.
- [11] 王丛.关于文物建筑保护中实施可识别原则的思考[C]//中国文物保护技术协会.中国文物保护技术协会第九次学术年会论文集.北京:科学出版社,2016:231-237.
- [12] 龚德才.文物保护科学与文物的科学保护[C]//中国文物保护技术协会.中国文物保护技术协会第二届学术年会论文集,2002:5.
- [13] 龚德才,于晨,龚钰轩.论最小干预原则的发展历程及内涵:兼议其在中国的应用与发展[J].东南文化,2020(5):6-12,191-192.
- [14] 谢博.从真实性原则看文物保护修复[J].文艺生活·文海艺苑,2015(1):256.
- [15] 薛林平.建筑遗产保护概论[M].北京:中国建筑工业出版社,2013.
- [16] 联合国教科文组织.国际文化遗产保护文件选编[M].北京:文物出版社,2007.
- [17] 联合国教科文组织.国际文化遗产保护文件选编[M].北京:文物出版社,2007.
- [18] Cleere H. A History of Architectural Conservation[J]. European Journal of Archaeology, 2000, 3(1):137-139.
- [19] 爱神星:贾宝玉,林黛玉的家[EB/OL].(2020-03-35)[2023-02-09]. https://baijiahao.baidu.com/s? id=16621494426112448087.
- [20] 埃尔金大理石雕[EB/OL]. [2023-02-09]. https://dp.pconline.com.cn/dphoto/list_3419474.html.
- [21] 成都恩光美术恭喜2018届邓同学获得罗马美术学院直录[EB/OL].(2018-07-11)[2023-02-09]. https://www.sohu.com/a/240480709_99989641.
- [22] 余子骅,龚德才.文物修复的可识别原则探讨:以青铜文物修复为例[J].中国文化遗产,2016(6):56-60.
- [23] 陈仲陶.对青铜器保护修复理念、原则的探讨[J].文物保护与考古科学,2010,22(3):87-91.
- [24] 王丛.关于文物建筑保护中实施可识别原则的思考[C]//中国文物保护技术协会.中国文物保护技术协会第九次学术年会论文集.北京:科学出版社,2016:231-237.

［25］ 吴玥,龚德才.文化遗产保护中的风险管理原则［N］.中国文物报,2016-07-22(006).

［26］ 龚德才.考古发掘现场保护的理念与实践［N］.中国文物报,2003-05-30.

［27］ http://www.gov.cn/zhengce/content/2017-03/24/content_5180388.htm.

［28］ 徐艺乙:传统工艺的现代化须保留核心技艺［EB/OL］.(2017-08-08)［2023-02-09］.https://www.sohu.com/a/240480709_99989641.

［29］ 我的城:竹林经过他的手,拷白了时光［EB/OL］.(2017-11-24)［2023-02-09］.https://www.sohu.com/a/206421762_99958279.

［30］ http://pic.people.com.cn/BIG5/n1/2020/0518/c1016-31713225.html.

［31］ 谢崇桥,李亚妮.传统工艺核心技艺的本质与师徒传承［J］.文化遗产,2019(2):8-16.

［32］ 传统工艺的科学认知:张柏春研究员访谈［J］.中国科学院院刊,2018,33(12):1314-1318.

第 4 章 论文物保护基础理论

　　文物的复杂性和多样性是文物保护基础理论构建的最大障碍。尽管如此，如果文物保护要发展、文物保护学科要创立，就必须要建立文物保护基础理论。在自然界，任何物体都有可能成为文物，文物是物质实体，具有物质属性。文物保护就是通过保护文物的物质实体，将文物承载的历史人文信息保留下来，传与后人。物理学、化学、材料学等多门学科的知识与技术，都能在文物保护领域得到应用，由此可见，文物保护基础理论的属性是物质科学，文物保护学作为一门新兴的自然科学和人文科学相交叉的学科，已越来越为人们所接受。文物保护学也是一门综合性学科，研究内容广、研究对象复杂，目前仍处于发展的起步阶段。这一观点可以从以下几方面得到佐证：① 学科理论缺少系统性，基础理论不够完善。② 缺乏科学的方法论的指导。任何一门学科，没有科学的方法论作为研究工具，就犹如汽车少了发动机，会使得学科发展缺少动力。③ 未能建立起自身的理论研究模型。一门学科如果缺乏理论模型，尤其是物质科学，势必很难发现学科的本质内涵，更无法揭示学科自身发展的一般规律。文物保护学研究的对象是文物。如果被问及什么是文物，相信大多数人都会想到具体的文物实体，如书画、青铜器、玉器、精美的纺织品等，他们所观察到的是文物的物质属性，想到的是文物个体，这是一种感性认识。开展文物保护学研究，必须对这些文物个体进行理性的归纳总结，寻找其共性特征和学科发展规律，以指导学科的理论研究。比如，若没有原子、分子模型的建立，那化学、物理学就不会有今天的辉煌。因此，应创立文物保护学的理论模型，并把它视为文物保护学重要的基本概念之一。

文物保护学的研究对象是文物，文物具有两个重要的属性。一是它的物质属性。毫无疑问，任何一件文物都是由物质构成的，它们的构成成分或许是金属物质、矿物质，也可能是有机物分子或有机高分子材料。总而言之，文物有质量、三维尺寸，是有形的物质形态。二是文物的历史人文信息属性。文物的制作工艺、技术水平、铭文、花纹的学术研究价值和沧桑岁月留下的历史痕迹等，是人们研究当时的社会历史、政治经济、军事和科学技术发展水平的重要实物史料。物质属性是有形的，极易被人们观察到，而历史人文信息属性是无形的，需要多领域的专家学者进行研究与解读，它以研究成果的形式被间接表达。文物的价值往往是由它的历史人文信息价值决定的，一件精美的文物是古代先民的代言物，不但其精湛的制作工艺令世人惊叹，同时其极高的学术研究价值也引人注目。文物保护学理论模型特有的历史人文信息属性是文物保护学理论模型与化学、物理学等其他学科理论模型的重要区别所在。物质属性与历史人文信息属性之间有着密切的关系，可以认为前者是后者的载体及赖以存在的前提条件，两者恰似皮与毛的关系。

文物保护学理论模型可以用于指导文物保护学术研究。以解决青铜器保护问题为例，首先，应保护青铜器物质实体，在这一过程中，需要利用金属锈蚀理论研究青铜器锈蚀的机理，然后采用电化学、高分子化学、材料学等理论的研究方法，进行除锈、防锈和表面封护处理的技术研究；其次，在操作过程中还需将其花纹、铭文、制作工艺、色泽和美学特点等尽可能完美地保存下来，即保护文物的历史人文信息。上述提及的文物保护学理论模型，如果能用数学的方法表述（如集合论），再辅以科学假设，该模型就具有了科学性的含义。针对文物保护领域基础理论等方面存在的不足和问题，笔者在本书中提出了自己的观点和建议，供读者参考。

4.1 文物保护基础理论核心——文物实体质点模型

4.1.1 文物实体质点模型[2,3]

无论是哪一类文物,如书画、青铜器、石刻或古建筑等,都是由特定材料制作而成的。那么这些材料又是怎样构成的呢?现代化学知识告诉我们,每一件文物都是由原子或分子构成的。虽然我们肉眼看不见这些原子和分子,但科学家还是可以通过各种各样的仪器分析手段,了解这些原子和分子的性质、大小和质量等。研究发现,原子基本上都可以被看作是球形的,而分子则是各种形状的,有线形的、棒状的、球状的,还有三角形的等。原子和分子的体积有大有小,但肉眼都不可见。以一杯水为例,在宏观层面上,可以想象杯中的水是由一个一个看不见的"点"组成的,当用放大倍数足够大的放大镜观察时,即达到微观层面时,可看到这些"点"是一个一个的水分子(粒子)。以上所述,就是想告诉大家,文物实体就是由这样的一个个"点"组成的。

就具体文物而言,以青铜器为例,组成青铜器的"点"或者粒子主要有三种:铜、锡、铅。铜所占比重最大,一般在 80% 以上。因此,我们可以说青铜器主要是由肉眼看不见的、很小的铜、锡、铅三种粒子(原子)组成的。如果不考虑粒子大小,也就是把粒子的体积视为零,那粒子就成了一个有质量的"点"("点"是没有大小的,"线"是没有宽度的),即物理学上的质点。但它与物理学上的质点又有区别,区别在于这些质点具有不同性质,如锡比铅容易腐蚀,铅又比铜容易腐蚀,也就是说它们的化学性质不一样。

把文物实体看作是由各种性质不同的点组成的,每一个点在空间坐标系中都有具体的位置坐标值(见图 4.1),通过这些坐标值可以建立相应的数学公式。$f(x,y,z)$,$f(x,y,z)$ 就是文物实体质点模型的数学公式[2]。

把自然界的物体看成质点是物理学常用的理论方法,是科学研究中普遍使用的理论研究方式。将文物实体看作是由一个个性质不同的质点组成的研究思路,其意义在哪里?首先,我们把研究对象从个别文物变成所有文物,也就是从个性层次上升到了共性层次;其次,通过对共性的研究可以探寻文物实体产生、损坏直至消亡的演变规律,创建文物保护理论体系,为文物保护学科建设奠定基础。虽然文物实体质点模型为文物保护研究提供了一种崭新的视野,但要使其充实、完善,后续还有许多研究要做。

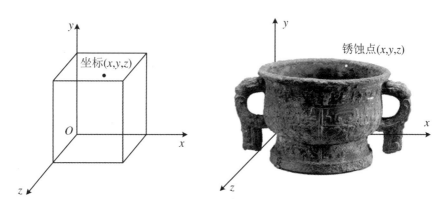

图4.1　文物实体质点在空间坐标中示意图(以青铜器上一锈蚀点为例)

接下来对文物实体质点模型进行简要介绍。

1. 文物保护理论模型的假设前提

在确立文物保护学理论模型的函数关系之前,首先作以下几个假设:

(1) 文物可被看成由具有物质性质的质点在空间分布组合而成;

(2) 某一时刻的文物状态可通过该时刻质点的空间分布(运动)函数来表示;

(3) 文物信息蕴含在文物状态之中。

2. 文物保护学理论模型的函数关系构建

在假设前提的基础上定义状态函数 $f(j,t)$:

$$f(j,t) = \sum_{i=1}^{n} f_i(x,y,z,t) \cdot \varphi_i(j) \tag{4.1}$$

式中,x,y,z 代表文物实体的质点在三维空间中的坐标;t 代表文物实体存在的某一时间点;i 代表文物本体中的不同物相成分,$i=1,2,3,\cdots,n$;j 是与 i 有关的变量,$j=1,2,3,\cdots,n$。$\varphi_i(j)$ 是定义的示性函数,可以表达物质的性质,当变量 j 与物相成分 i 相同时,示性函数值为1;当变量 j 与物相成分 i 不同时,函数值为 0。$f_i(x,y,z,t) \cdot \varphi_i(j)$ 是任一时刻某物相组成的三维表示。$f(j,t)$ 即可表达任一时刻 t 时文物的状态。

假设有文物 A,在它诞生的那一刻,即它的始态时,文物本体由三种物相组成，即 i 的取值为 1,2,3，所对应的物相分别为 a,b,c。

对于 $\varphi_i(j)$，只有当 $i=1, j=1$ 时，$\varphi_1(j)=1$，$f_1(x,y,z,t) \cdot \varphi_1(j)$ 则表示所有物相为 a 的质点的三维空间组合，形象地描述就是上文所说的只拍物相 a 的照相机得到的文物状态；当 $i=2$ 且 $j=2$ 时，$\varphi_2(j)=1$，$f_2(x,y,z,t) \cdot \varphi_2(j)$ 则表示所有物相为 b 的质点的三维空间组合……那么，始态即 $t=t_0$ 时，文物的状态可以表示为：

$$f(j,t_0) = f_1(x,y,z,t_0) \cdot \varphi_1(j)\varphi_i(j) = \begin{cases} 1, & i=j \\ 0, & i \neq j \end{cases}$$
$$+ f_2(x,y,z,t_0) \cdot \varphi_2(j) + f_3(x,y,z,t_0) \cdot \varphi_3(j) \quad (4.2)$$

4.1.2 环境因素与文物实体质点运动

在文物实体质点模型中，若把文物实体看作是由一个个性质不同的质点组成的，那么文物实体质点是静止的吗？不是。世界上一切物质都是处在不断运动之中的，如颜色变化，说明组成颜色的物质是运动的；杯中水会慢慢变少，这是水分不断挥发所致，说明杯中水也是在运动的。组成文物实体的质点的运动，可以通过文物实体材料不断老化和强度下降等方面的变化感知到。

文物实体质点运动有多种方式。第一种运动方式，在固定位置上的运动，如质点的振动、转动。组成文物实体的原子在文物实体中有固定位置，但原子有时会偏离这个位置，一定时间后，原子会自动回到固定位置上，"偏离—回来"这种运动持续进行，这就是质点的振动。此外，由于原子是球状的，原子还会产生类似于球的转动。同样，组成文物实体的分子也发生振动和转动，运动速度的快慢和环境温度相关。第二种运动方式，是质点发生化学反应。文物实体老化、变色的根本原因是文物实体材料与氧、水、污染气体及光等环境因素发生了各种各样的化学反应。发生化学反应后，文物实体材料会出现质地脆弱、颜色变化等病害。第三种运动方式，质点之间距离（位移运动）拉大。有些情况下，当环境温度、湿度出现波动时，文物实体会发生热胀冷缩和湿胀干缩，产生应力。当应力足够大时，束缚质点的力——化学键就会断裂，造成质点间距离变大，质点相较于原来的位置发生了移动，这就是质点位移。组成文物实体质点位移的结果，就是大家所看到的文物实体出现了裂隙、孔隙等病害现象。

组成文物实体的质点——原子，和分子运动方式类似，只是分子的运动比较复杂些而已。

在这里需要强调一下,细心的读者会发现,前文使用了两个概念:质点和粒子,二者之间是有差别的,从理论的角度考虑问题时可以用"质点"概念,用于研究共性问题。但研究某一个具体文物时,应该用"粒子"概念,这是研究个性问题。理论层面将复杂问题简单化,突出共性,有利于建立适用于所有研究对象的理论。而面对每一个具体文物实体时,应根据研究对象的性质,以及现实中存在的各种复杂因素,对(针对共性问题的)理论用多个参数进行修正,开展研究。这样的研究方式,在科学研究中应用得非常普遍。

质点运动与什么因素有关?答案是:环境。文物与环境的关系,本质上是质点运动与环境因素之间的关系。以博物馆馆藏文物为例,影响文物的环境有五种:温度环境、湿度环境、光照环境、微生物环境和大气环境。前文已阐明了组成文物实体的质点存在三种运动方式:原位振动和转动、质点改变(发生化学反应)和质点间距离变化(位移)。那么环境因素对这些质点的运动有无影响?是如何影响的?

通常情况下,文物实体中的质点处于平衡状态,一是受力平衡,尽管质点处在不停的运动中,但由于受力平衡,质点不会脱离文物实体(离开文物实体),基本上还在原位;二是文物实体吸收和释放出某种物质数量相等时达到的物质交换平衡(文物实体质点种类和数量交换平衡),如吸收和析出水分。实际上前一种平衡是保持文物实体不出现病害的关键。

文物实体质点所受的力从何而来?因为文物实体质点是分子或原子(当然有的是离子),所以这些作用在文物实体质点上的力主要是化学键力。由此可知,凡是能够破坏文物实体质点化学键的环境因素,都可能打破文物实体质点的受力平衡。一旦受力平衡被破坏,文物实体就会出现病害。

温度环境、湿度环境、光照环境、微生物环境和大气环境,这五种环境中的哪些因素会影响文物实体质点运动呢?首先是温度,温度越高,质点运动速度越快,当质点运动速度快到一定程度时,质点就有可能跑出文物实体,如樟脑挥发。温度越高,质点运动速度越快,质点(实际上是分子或原子)发生化学反应的可能性越大反应速度越快,质点改变的数量也就越多。当温度升高时,某些刚性物体,如石块、混凝土块等,极易炸裂,这是质点位移运动出现的极端情况,说明高温下质点位移加剧。其次是湿度,湿度对文物实体质点运动的影响也很大,当环境湿度很大时,文物实体吸收的水分比析出的水分多,吸湿平衡受到破坏,即文物实体吸湿。水分子进入文物实体后,通过挤占空间和推拉质点两种作用,使文物实体质点离开原位或发生有水参与的化学反应。于是我们可以看到,文物实体体积出现变化,以及可能出现的质地脆弱现象。再者是光、微生物以及大气中氧、酸性气体等,这些因素也是通过破坏文物实体质点受力平衡,使其发生化学或微生物代谢反应,影响文物实体质点运动的。

需要强调的是,当多种环境因素并存时,它们带来的不是"1+1=2"的效果,可能是"1+1=3"或更强烈的结果。

总之,环境通过与文物实体进行物质和能量的交换,影响文物实体质点运动的类型和强度。无论是文物实体质点的振动、改变及位移,受环境因素影响时都有可能使文物实体不稳定,出现病害。文物保护的目标是尽可能使文物实体处于稳定状态,减少病害的发生。

4.2 文物保护基础理论框架

由文物实体的质点模型可知,文物实体质点处于不断运动之中,研究文物实体质点的改变或位移运动有助于构建文物保护的理论框架。

文物保护理论框架的基本内容为:以文物保护质点模型为核心,以文物质点运动与影响文物质点运动的环境因素之间的关系研究为支撑,从文物质点运动与文物实体损毁、文物质点运动状态与文物信息、文物质点运动与文物保护方法原理三个方面构建文物保护学科的知识体系或分支理论。

在文物保护理论体系框架示意图中(见图4.2),① 文物与环境:研究环境因素对文物实体质点改变或位移的影响,以及文物实体稳定性与环境因素之间的关系;② 文物脆弱理论:研究文物实体质点改变或位移的运动结果对文物实体材料性能的影响;③ 文物信息学:通过研究文物实体质点改变或位移的运动状态,探讨文物实体与人类活动、自然环境变迁相关信息的变化规律;④ 文物材料学:研究复杂因素超长期作用下,文物实体质点的改变或位移对文物实体结构和材料性能的影响;⑤ 文物病害学:通过研究文物实体质点的改变或位移,探讨文物实体的损毁原因及病害表征方法;⑥ 文物保护方法和原理:通过研究文物实体质点改变或位移,探讨阻止或减缓文物实体质点改变或位移,使文物实体力学结构和材质稳定的理论原理和技术路径;⑦ 文物材料表界面:通过研究文物实体质点,特别是文物实体表面质点的改变或位移,探讨文物材料的表界面性质和表征方法,以及文物材料表界面性质与文物保护的关系;⑧ 文物材料孔隙:通过研究文物实体质点的改变或位移,探讨文物实体材料孔隙的形成、发育和结构特征,以及文物实体材料孔隙结构与文物保护的关系。⑨ 考古残留物:研究文物实体质点的改变或位移趋于极限状态时的信息采集的理论基础及其应用(质点改变趋于100%以及质点逸出文物实体为质点改变和位移的极限状态)。

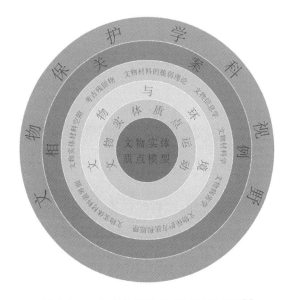

图 4.2　文物保护理论体系框架示意图[1]

以文物实体的质点模型构建文物保护学理论框架,目的是寻找文物保护学科发展的一般规律,探讨和解释文物保护学面临的理论问题,为文物保护实践提供解决问题的思路和理论指导,最终形成文物保护的学科视野。

4.3 文物保护基本原理

4.3.1 文物实体回补修复理论

文物作为一种复合材料构成的实体，材料中的每一种成分都具有一定的材料学功能，随着时间的流逝和材料的劣化，其中某些成分会逐渐消失，一旦出现缺失，必然引起材料性能的改变，甚至使之失去原有的基本特性。

回补修复基本原理是，从材料成分缺失的角度入手，研究文物实体材料中各组成材料的劣化机理，分析缺失的成分及其功能作用，然后将所缺失的成分以适当形式回补，达到加固脆弱文物实体的目的，这就是回补修复理论。回补有两种情况，一是对文物实体残缺部位的回补，二是采用物理、化学或生物方法对文物实体组成材料中缺失成分的回补。

回补修复理论实际上是对文物实体质点空缺部位的补缺，所强调的是回补的材料应是在文物实体材料中起重要作用的功能性成分，如决定材料强度、弹性等性能的组分。这种回补方式类似于中医学中的"缺什么补什么"的理念。对文物实体而言，最需要回补的是文物实体中的功能性成分，其次是辅助功能的成分。回补的方式亦十分重要，如有机质文物的材料绝大多数都是自然界生物过程的产物，属于生物过程，有生物活性物质参加，如蚕丝丝胶是在蚕的身体内，由多种生物活性物质通过生物作用合成并包裹在两根丝素外围的。假如回补方式能采用产生这些材料的原生物过程，那么回补到文物实体中的成分就能够保持回补材料的生物学功能，是名副其实的生物技术，是最高层次的文物保护技术。遗憾的是，实现这一过程非常困难，难在生命过程极其复杂，未解之谜太多，研究难度难以想象，因而关于生命过程研究的"微小"进步，都有可能获得诺贝尔奖（如 Hershko、Ciechanover、Rose 关于泛素的研究）。

通常情况下，文物保护工作人员只能采用物理渗透的方式，将回补材料渗入文物实体，达到回补的目的，这样的回补方式只能实现部分的功能和效果。尽管如此，也能在很大程度上提升文物实体材料的性能，实现保护的目的。为脆弱皮质文物回补缺失的胶原蛋白[4]等保护技术措施(见图4.3),都是应用了回补修复原理。

图4.3 人工老化皮革回补加固前后纤维束扫描电镜图[4]

4.3.2 适用于粘连文物揭取的自分层理论

我国南方地区考古发掘出土的有机质文物,如纸张和纺织品(折叠的书籍、衣物等),由于在埋藏环境中长期受到水的作用,纤维降解十分严重,质地脆弱不堪,且出土时常已形成严重的层间粘连现象,揭取十分困难,因此亟需研发一种适用于脆弱粘连文物的揭展剂。

出土粘连纸张和纺织品文物黏结力的产生和来源是多方面的,黏结过程是一个复杂的物理、化学过程。就丝织品出土状态而言,层间黏结是一种固-固界面的黏附,是通过跨越两固相界面的相互作用而产生的。这种界面上的相互作用,既可以是蚕丝与蚕丝界面间胶黏物质(如丝胶、黏土矿物等)的胶结力,也可以是由于界面凹凸不平,在微观层面上形成界面间的机械咬合力,还可能是当两界面紧密接触时分子间的相互作用力(范德华力、氢键)。纸张和纺织品文物的埋藏环境情况复杂,降解了的产物如丝胶或环境中的黏土矿物等物质通过挤压,进入纤维表面的空腔或凹凸部分,形成机械嵌合力,从而产生结合力。机械连接力的本质是摩擦力,类似钉子与木材的接合或树根植入泥土的作用。机械连接力对于某些坚实而光滑的表面作用不显著,但纤维素和蚕丝是多孔性的,因此纸张和纺织品文物在埋藏环境中受机械力的作用,促进了层间黏结。

根据文物粘连的原理,设计的自分层揭展剂必须包含两种主要成分,一是能够加固文物的材料——加固剂,另一种是能够降低粘连文物层与层之间黏结作用的材料——分离剂。加固剂与文物表面有亲和作用,易附着在文物表面,分离剂与文物表面几乎没有亲和作用,不会附着在文物表面。因此,自分层揭展剂作用于粘连文物的过程为:首先是加固剂分子迁移并铺满文物表面,然后是分离剂分子附着在加固剂表面,最终粘连文物两层之间主要靠上下两层的分离剂粘合在一起,而分离剂是表面活性剂(如洗衣粉),基本上没有黏结力,很容易剥离开(见图4.4)。因此可知,通过自分层揭展剂的作用能实现粘连文物层内加固、层间分离的目的。安徽南陵出土的宋代脆弱粘连丝织品文物,应用自分层揭展剂后与不使用自分层揭展剂的相比,文物强度提高,揭取难度降低、速度加快,说明揭展材料对古代黏结、脆弱丝织品具有良好的加固、揭展效果[5]。

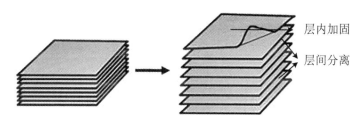

图 4.4 粘连文物自分层揭展剂揭展原理示意图

4.3.3 文物实体有害物的稳定化

众所周知,青铜文物最怕出现俗称"青铜病"的粉状锈,一旦染上此病,青铜器上先是出现淡绿色的细小斑点,随后斑点迅速长大、鼓起,就像人体上的脓疮一样,进而蔓延到青铜器多个部位,最终可将青铜器锈蚀成一堆粉状锈粉末。粉状锈属于活性有害物,如果不除,危害一直会持续下去。处理粉状锈的传统方法,一般是用机械方法直接挖除,犹如对青铜器实施外科手术,挖掉之后会留下洞,严重影响外观,文物"品相"受到破坏。因此还要将洞补上,然后随色做旧。

基于对文物最小干预的保护原则,现代文物保护理论旨在追求将活性有害物转化为惰性有害物,使其无法再对文物实体造成损害,或使损害速度变得非常缓慢,即有害物的稳定化。有害物稳定化有两种方式,一是利用化学反应将活性的有害物质转变为化学反应活性较低的物质,这种有害物稳定化方式是通过有害物成分转化实现的,使其从活性有害物转化为惰性有害物;二是通过改变环境条件,降低有害物的化学反应活性,减缓其对文物实体的损坏速度,这种有害物稳定化方式是通过降低有害物分子运动的能量实现的。文物实体活性有害物的稳定化是文物保护基本原理之一,即"文物实体有害物的稳定化"。

无论是活性有害物还是惰性有害物,对文物都是有害的,只不过有害的方式和程度有所区别。活性有害物对文物而言是致命的,有可能导致文物"死亡",所以一定要"治"。有时文物上的污染物虽然不是活性的,但影响文物品相,遮盖了重要的文字、花纹,这样的惰性有害物可适当去除;对于文物价值无太大影响的惰性有害物可选择保留,毕竟文物的保护处理对文物也会造成损害,类似于医疗的副作用。

综上所述,文物实体有害物是指文物实体表面及内部因自身病害或外部环境污染而形成的物质,这些物质对文物实体的寿命及价值具有破坏作用。有害物可分为惰性与活性两种,惰性有害物的破坏力是有限而稳定的;而活性有害物会对文物实体产生持续破坏作用,是自发的且有蔓延扩张趋势。有害物不稳定是与某种条件相关联的,如分子结构不稳定、热力学不稳定性等内部因素,也有环境温度、湿度波动、污染等外部因素。对此可以采用去除起活性作用的主要成分(如粉状锈中氯离子)使文物实体稳定的方法,也可以采用控制环境条件的保守方法。

文物保护工作中经常可见"挖""剔"等外科手术式操作,容易伤文物的"元气"。换一个思路,即采用稳定化处理显然更好。

4.3.4 文物实体材料孔隙

笔者在后文关于文物保护学科体系建设的论述中,将文物实体材料孔隙列为文物保护学科分支理论的重要组成部分之一,这主要是因为文物实体材料孔隙在文物保护研究中的重大意义。文物实体材料孔隙研究的重要意义主要体现以下四个方面。

1. 有利于获取多方面的价值信息

文物实体材料孔隙是文物实体在制作、长时间的留存过程中,文物实体质点在各种自然、人为因素作用下运动的结果。文物实体所经历的每一阶段都会对文物实体孔隙结构产生影响,留下"痕迹"。研究文物实体材料孔隙的结构、大小、分布等特征,可以采集到关于文物实体的原材料、加工工艺、使用、埋藏环境、病害、清洗、加固等方面的价值信息。

2. 有利于研究文物实体病害机理

文物实体与外界环境中物质(如水、酸碱盐、微生物)的直接接触是通过文物实体表面孔隙进行的。文物实体材料孔隙为文物实体病害的产生和发育提供了通道,水、有害气体、无机盐、微生物通过文物实体材料孔隙进入文物实体内部,并对文物实体产生一系列物理、化学、生物等方面的作用。物理作用包括无机物在孔隙内的沉积,对文物实体产生集中应力,进而导致文物实体的开裂;化学作用包括酸、碱、盐等物质通过孔隙内的毛细管凝聚作用,在水的媒介作用下与文物实体发生化学反应,导致文物实体降解;生物作用包括微生物进入孔隙内,其分泌物对文物实体产生的作用。文物实体材料强度的降低与文物实体材料孔隙的发育有着密切联系,对于严重老化的文物实体,其材料孔隙度往往大大增加,文物实体上的许多宏观裂隙是微观孔隙持续发育的结果。文物实体材料孔隙为什么增加,以什么样的形式增加,会对文物实体材料产生什么样的影响,都需要深入研究,且这些问题与文物保护密切相关。

孔隙结构还能从侧面反映文物实体材料的力学强度,孔隙结构会影响文物实体材料的抗渗透性,而抗渗透性与文物实体材料的强度有关联。文物实体材料的抗渗透性越好,酸、碱、盐、微生物、水分进入孔隙的概率越低。当文物实体材料的孔隙率相同时,孔径越低,文物实体强度越高,小分子及微生物进入孔隙的概率越小,文物实体的保存情况会越好。当文物实体材料孔径分布一致时(孔径大小相似),孔隙率越高,文物实体越容易受到外界环境的影响,越容易劣化。对于降解程度高的文物,文物实体上往往会产生比原生孔径更大的孔隙。例如,原生的是微孔,会产生介孔或大孔,一旦大孔形成,往往会产生微裂纹(微裂隙)乃至肉眼可见的裂纹(裂隙),导致文物实体材料出现宏观上的断裂、崩塌。又如,户外保存的石灰岩类的石质文物实体孔隙率大,容易受到酸雨侵蚀。

壁画的酥碱与孔隙有关。长年的自然风化,尤其是地仗层的毛细作用,以及酸性气体侵蚀形成的可溶盐随着外界环境温度、湿度的交替变化,不断地结晶和溶解,而这一过程往往伴随着盐体积的反复膨胀,从而导致壁画表层的微孔隙坍塌,进而使底色层和颜料层粉化、开裂[6,7]。

丝织品病害也与孔隙有关。朱展云、龚德才等对安徽六安战国墓及南陵宋墓出土的丝织品进行扫描电镜(Scanning Electron Microscope,SEM)和核磁共振(Nuclear Magnetic Resonance,NMR)分析时发现蚕丝纤维出现了断裂、丝胶剥蚀等病害[8],丝织品发生了严重降解,原因是丝绸纤维中固有的微孔尺寸平均为 1.1 nm。与现代丝绸相比,古代丝绸在劣化过程中孔径为 1.1 nm 左右微孔的数量明显下降,相应地出现了一批孔径分布在 30—60 nm 的新生孔隙,说明有大量的原生孔隙发育成了较大孔隙。

此外,石质文物病害也与孔隙有关。石质文物多处于室外环境,由于环境不可控,在光照、温度和湿度波动、水分、可溶盐及空气污染物等因素的直接作用下,往往表层风化状况严重,或形成风化裂隙,或酥粉剥落,或呈片状脱落,或形成空鼓。

文物实体孔隙的存在也是考古现场出土文物迅速发生劣变的重要原因。在长时间的埋藏过程中,文物实体强度已经大大降低,内部发育了许多新生孔隙。这些新生孔隙和原生孔隙中填充着地下水,一旦文物实体出土暴露在空气中,水分的迅速挥发会使文物实体材料发生严重的干缩变形。兵马俑彩绘的脱落就和彩绘下面的漆层在空气中迅速脱水形成的起翘变形有关[9]。

3. 有利于文物的保护处理

文物保护处理与文物实体孔隙密切相关,研究文物实体孔隙可以为文物的科学保护提供理论依据。文物实体大多是多孔材料,尤其是经历了长时间的老化,文物实体材料内部产生了大量的新生孔隙,使得文物实体孔隙结构比与之相对应的现代材料更为复杂。文物实体材料孔隙容易聚集和吸附污染物,这些孔隙的存在使得文物实体的保护处理难度变大。由于文物实体孔隙结构复杂、体积小,常规的清洗手段很难将孔隙内的污染物清除干净。因此,必须从研究文物实体材料孔隙出发,了解文物实体材料孔隙的特征和性能,在研究的基础上开发新的清洗方法。另外,文物实体材料孔隙是外界有害物质进入文物实体材料内部的主要通道,为了防止有害物质侵入,通常需要对文物实体表面进行封护,封护虽然阻挡了外界的有害物质,却也往往导致文物实体材料孔隙堵塞,使其失去了物质输送通道的功能,表面的透气性下降。特别是露天的大型文物,其底部往往与潮湿土壤接触,一旦孔隙堵塞,来自土壤的水汽会聚集在文物实体材料内部,散发不出去,容易造成文物实体的酥粉。因此对文物实体进行封护时,需要研究文物实体孔隙与保护材料的相互作用,避免或减少保护材料对文物实体孔隙的遮挡。

同时,孔隙的存在也给保护处理工作提供了便利。脆弱的文物实体材料需要通过加固处理获得足够的强度,加固材料正是通过文物实体材料的孔隙渗入文物实体,从而起到加固作用的。选择加固材料时,应考虑加固材料分子的大小,尽可能使用分子粒径小于文物实体孔径50%的加固材料,以便其能够渗透到文物实体内部,增强加固效果。由此可见,孔隙的结构和分布对于加固材料的渗透和加固效果有重要影响,所以文物实体材料孔隙的研究可以为文物的加固理论提供重要依据。通过孔隙研究改进加固方法,使文物得到更好的保护。

4. 有利于文物的预防性保护

文物实体是多孔性材料,对环境的变化十分敏感。尤其是对漆木器等亲水性的文物而言,文物实体材料的孔隙结构与文物实体对环境相对湿度变化的响应之间有密切的关联。环境相对湿度的突变很容易引起文物实体材料内部水分的变化,而水分进出文物实体均是通过孔隙进行的,进而引起文物实体材料的变形。因此,研究文物实体材料的孔隙结构可以为文物保护环境湿度参数的选择提供重要参考。

综上所述,关于文物实体材料孔隙的研究十分重要,它不仅能提供丰富的文物信息,还能为文物的病害机理、保护处理研究以及文物保存环境的选择提供重要的科学依据。更重要的是,它提供了一种文物保护研究的思路。

4.4 文物保护方法论

4.4.1 文物保护方法论的基础——"平衡"与"稳定"

方法论是探讨某一学科一般研究方法的理论,在研究现象和规律的过程中,正确的研究方法所起的作用是至关重要的。文物保护学科的发展离不开科学方法论的支撑,这也是文物保护教学、科研的关键。

文物实体与生物体类似,一旦出现病害,一定是因为文物实体中的某种平衡状态被打破,导致文物实体出现了不稳定现象。文物实体的平衡与稳定十分重要,文物实体的平衡包括物质交换平衡、力学平衡和能量交换平衡等,这些平衡均与环境因素有关。所以维持文物实体的平衡与稳定是文物保护的重点,也是研究文物保护一切问题的基本出发点。

馆藏文物(实体)的平衡涉及的多数是小分子物质,如水分、油脂等。例如木漆器干裂,当进入木漆器的水分子和逸出木漆器的水分子数量相等时,水分子进出木漆器实体的数量达到平衡,木漆器含水率保持不变,木漆器处于稳定状态,不会出现开裂现象。而当进入木漆器的水分子数量少于逸出木漆器的时,吸湿与放湿处于不平衡状态,木漆器含水率下降,达到一定程度时,会产生干裂病害。

4.4.2 比较研究及参比样品的确定[10]

随着科学技术的迅速发展,我国的文物保护研究已进入了一个更高的层次。研究数据的科学性、研究方法的规范化、研究成果的创新性是文物保护研究工作的三大基本要求。在古代丝织品保护工作中,我们经常会听到或使用一些概念模糊的词语,如"糟朽严重""一触掉粉""十分脆弱""褪色严重"等。这样的表达无法给人一个清晰的"量"和"度"的概念,这是我们通常所说的科学评估(SA)问题。模糊词语的表述明显缺乏科学性,实质上反映了文物保护研究缺乏参照的标准,是基础理论研究不成熟的表现。

如果有了可供参比的样品,上述问题就可以迎刃而解。国家颁布的标准中所指的参比样品即为标准样品,标准样品具有给材料赋值的使用。

文物保护研究过程中的模拟实验、分析检测、评估结论,其每一步均需要采用标准样品。以古代丝织品加固和清洗研究为例,如果对样品的老化程度进行量化,统一制作一定量值的老化标准样品,这样,对所研制的加固材料的加固效果进行评价就有了统一的标准。在清洗研究中,需要特定污染物的污染标准样品、染色的标准样品和用于分析测试的专用标准样品等。特别是对于丝绸空白样品的选择,一定要考虑原料产地、蚕龄和生产工艺等方面的因素,不同地域、不同蚕龄、不同工艺生产的丝绸,其检测的数据结果肯定是有区别的。

非标准样品的个体差异往往导致研究结果出现不稳定和不确定,有的甚至会得出相反的结论。由非标准样品得到的研究结果,在同类研究之间亦无法进行定量比较。同时,通过缺乏标准样品的比对研究很难发现问题的本质,研究结论的合理性也会受到一定影响,难以进行科学评估。对标准样品的研究包含着同类文物的共性问题,研究结果亦具有一定的普遍适用性。

文物保护作为一门新兴学科,其理论的内核是实践与理论的关系问题,研究的目的是解决文物在材料学意义上的不断腐蚀变化、人文信息的丢失和文明社会对保护其文物价值的强烈愿望这样一对矛盾。文物保护理论则涉及化学、物理学、生物学、地质学、材料学、现代信息技术等多种学科知识。众所周知，文物保护研究方法论涉及的主要问题包括：考察问题的立场、提出问题的角度；如何根据已知理论设计研究框架；如何确定判断结果的标准；如何选择模型和实验材料、数据；如何解释结果；如何推导出最后的结论；等等。在文物保护的方法论中，标准样品的重要地位已经得到了凸显，说明文物保护研究需要以标准样品作为支撑，标准样品的使用也正符合文物保护科学方法论的要求。

在 ISO 指南 30:1992《标准样品常用术语及定义》中，标准样品的定义为：标准样品是具有一种或多种足够均匀的、很好确定了的特性值的材料或物质，可以用来校准仪器、评价测量方法和给材料赋值。

标准样品具有均匀性、稳定性、量值溯源性等属性。在研究、分析的溯源链中，标准样品起着复现量值、传递测量不确定度和实现测量准确一致的至关重要的作用。没有标准样品的研究往往缺乏横向的可比性，研究成果可能会受到地域、时间等方面的限制，不利于推广。

从标准样品的定义可以看出，用作参照物的标准样品提供的标准值有两个特点：其一，具有足够的均匀性，标准样品需要在不同时空段进行量值传递，即在不同的时间、不同的地点，标准样品所提供的量值应是一致的；其二，标准样品目的意义明确、标准值可靠，应具有足够的稳定性，即保证其在有效期内是均匀的、可靠的。

从定义中我们还可以看出，标准样品具有如下作用：

（1）用于校准仪器：由于标准样品提供的标准值是准确的、可靠的，因此，通过对标准样品的分析检测可以判断仪器的精度、灵敏度。

（2）用于评价测量方法：规范采样程序、测量程序、数据处理统计分析及测量时的环境条件等，以及对辅助设施条件和操作人员的技术水平做出科学评估。标准样品的使用可为全面考核测量方法的可靠性提供依据，用于对测量方法进行全面评价。

（3）建立测量结果的溯源性，提高检测分析的准确度。

（4）测量结果不确定度的测定，评估测量结果的误差和偏差，为标准化的文物数据库建立奠定基础。

(5) 确定各实验室间研究实验获得的测量结果的可比较性。

(6) 给文物样品赋值,如丝织品老化、褪色的程度等。

(7) 考核实验室操作人员的操作水平,有利于开展研究人员专业培训,建立激励竞争体制。

(8) 用于文物保护项目的规范化管理和施工的质量控制。

(9) 用于文物长期劣化趋势的规范化研究,有了标准样品,不同环境条件下的丝织品的劣化趋势研究才具有可比性。

此外,在某些感官性能和工程性能的标准中,标准样品的特性值并不是都能用"准确度"来进行定量规定的。这类标准样品的规定是由在考核、认证部分有经验的人来实施的,如各类鉴定师的资格认证。

文物保护专用标准样品的研复是可行的,也是迫切需要的,其研复的方法只能采用统计学的原理,以实践经验和理论探索为基础研究制定。文物标准样品应包含物质属性和人文信息属性。文物标准样品的研复步骤为:开展广泛的调查研究,通过国家标准化委员会申报立项,确认符合国家标准的研复单位和专业技术人员[根据 GB/T15000.7《标准样品工作导则(7)标准样品生产者能力的通用要求》确认],下达标准样品的研复任务,颁发有证标准样品,统一要求和强制实施。

从更高层次上看,标准样品的研复也是文物保护"规范方法论"的需要,更是建立文物保护标准体系的重要基础。文物保护标准样品的研复工作是我国文物保护研究领域的重大创新工程,也是对世界文化遗产保护事业的重要贡献。

4.4.3 文物保护研究常用方法

文物保护可以采用哪些研究方法?下文介绍几种文物保护研究常用方法。

1. 模型法(model method)

模型法指通过模型来揭示原型的形态、特征和本质的方法,可用于间接地研究客体原形的性质和规律。以文物保护质点模型为例,它把文物保护领域中的个性问题上升到了共性层面,通过研究质点运动(振动、位移和改变),探讨文物实体的平衡与稳定。

2. 风险控制法(risk control department)

风险控制法是指在某些特定或极限条件下,观察文物实体出现严重损害的一种研究方法。文物是不可再生资源,对文物实体施加任何的保护技术措施,都必须考虑可能面临的风险。文物保护面临的风险有两种,一种是眼前的或近期的风险;另一种是未来的,几十或上百年甚至更长时间后出现的风险,其中包括保护材料老化、降解及其产物对文物实体的损害。使用该法的最终目标是考量所采用的保护技术和方法,对文物实体平衡与稳定可能产生的近期或远期的影响及其程度。

3. 模拟实验法(simulation experiment)

模拟实验法是在人为控制研究对象的条件下进行观察,模仿实际情况中的某些条件进行的实验。模拟实验是科学实验的一种基本类型,包括单因素模拟、多因素(两个以上)模拟、极限状态模拟等,目的是研究单因素或多因素协同作用下,文物实体平衡与稳定的变化程度及变化趋势。由于文物十分珍贵,通常能够采集的样品量极少,无法满足实验需求,因此需要采用模拟老化实验,制备模拟样品。这也是文物保护研究中普遍使用的方法。

4. 等效法(equivalent method)

等效法是在特定意义上和保证效果相同的前提下,将陌生的、复杂的、难处理的问题转换成熟悉的、容易的、易处理的问题的一种方法。保护人员希望对文物实体施加的保护材料能够在几十年、几百年或更长时期内对文物实体起到保护作用,但现实不允许对保护材料进行超出我们寿命时限的老化实验,以证明文物保护材料的有效期究竟有多长,好在文物保护材料大部分都是高分子材料,高聚物的同一力学松弛现象(包括黏弹行为)可以在较高的温度、较短的时间(或较高的作用频率)被观察到,也可以在较低的温度下、较长时间内被观察到,即"时温等效"原理。利用这一原理,研究人员可以通过实验预测保护材料耐老化时间,这就是等效法。

5. 局部实验法(local experiment)

局部实验法针对的是文物保护应用实验。在实验室研究保护技术和方法,刚应用到文物实体上时,不可对整个文物实体使用,以防造成无法挽回的损失,应先在文物实体无重要信息的部位(无纹饰、文字且不易引起注意位置)进行小面积的保护应用实验,待确认结果符合文物保护要求后再逐步扩大适用面积。

上述方法的研究对象是文物实体,研究核心是文物实体平衡与稳定,所以可以说研究文物实体的"平衡"与"稳定"是文物保护方法论的出发点。

4.5 文物保护领域的科学问题

4.5.1 文物保护领域的关键科学问题

在文物保护研究过程中会遇到许多问题，有些是技术问题，有些则是科学问题。例如，对于脆弱文物实体的加固，当我们通过材料筛选实验，选择了某一种加固剂，且其渗透性、耐老化性和加固效果均满足文物保护要求，确可用来对脆弱文物实体进行加固时，这时我们要着重解决的是脆弱文物实体加固的技术问题。如果我们从研究文物实体的脆弱原因入手，在明晰文物实体脆弱机理的基础上，根据文物实体材料的结构和性能，以及文物实体材料和保护材料之间的作用原理，研发与之相匹配的保护材料，对脆弱文物实体进行加固，这时我们着重解决的是脆弱文物实体加固的科学问题。后者研究了病害机理和保护材料作用机制，能够形成理论性的成果，而前者只是做了简单的材料筛选实验，缺乏深层次理论层面的探讨，得到的是技术成果。不难看出，技术问题与科学问题是有区别的。

所谓科学问题，通常是某一研究领域内具有较深的理论意义和科学意义的研究内容。每个研究领域内的科学问题都很多，有大有小。科学问题具有科学探索的价值，以及需要从理论层面研究解决的特点，是有别于技术问题的原理性问题。所谓重大科学问题往往是关键科学问题，是科学问题中最核心的，是影响到全局的"纲"，具有前沿性、可持续性、全球性等特点，蕴含重大科学思想和科学理论。

笔者认为文物保护领域的关键科学问题有三个：一是复杂因素超长期作用下文物实体病害机理；二是保护材料与文物实体材料作用机理；三是多因素协同作用下文物实体的健康评测。这三大关键科学问题，是文物保护工作的根本性问题，解决不好这些根本性问题，文物保护研究的科学性是难以令人信服的。

文物保护领域的三大关键科学问题之间存在一定的逻辑关系。复杂因素超长期作用下文物实体病害机理的研究，是对文物实体"病害"进行诊断，只有病因找准了,才能对症下药。保护材料与文物实体材料作用机理研究,则是依据文物实体病害"病因"的诊断结果研究治疗的"药物",使用的"药物"(保护材料)合适不合适、对文物实体有无副作用,都是研究的内容。研发的保护材料应用在文物实体上之后,必须经过对于多因素协同作用下的文物实体的健康评测,才能对保护效果进行判定。通常文物实体经过保护处理后,短期效果容易显现,长期效果需要通过科学研究才可作出判断。评估文物保护工作的效果,需要看是否其实现了文物保护的三大目标,即维持文物实体的稳定、保证文物的真实性、维护文物的完整性。

在保护处理工作开展之前,都应对文物实体进行健康评估。有些文物实体比较健康,不需要进行保护处理,这种情况属于不对文物实体实施技术保护的保护。决定不对文物实体实施技术保护是要经过研究思考的,是从主观层面进行的保护。这类似于医生给病人看病,并非每一位病人都需服药或施以治疗手段,可能几句对症的医嘱就够了。

一般情况下,科学问题往往产生于实践与理论之间的矛盾、实践与实践之间的矛盾、理论与理论之间的矛盾、理论自身的逻辑矛盾等方面,有时候科幻思想也是重大科学问题的来源之一。

4.5.2 文物保护科学问题、技术问题和工程问题的区别

在文物保护研究与实践中,常遇到各种各样的问题,如脆弱文物实体的加固、污染物的清除、防止文物实体褪变色等。在解决上述文物保护问题时,需要了解哪些是文物保护中的科学问题,哪些是文物保护中的技术问题。正确理解问题的性质有助于提升文物保护研究水平,研发高水平的文物保护技术方法,也有利于促进文物保护行业的科技进步。

一般情况下,文物保护专业人员遇到的问题有三种,一是科学问题,二是技术问题,三是工程问题。

所谓科学问题,是某一研究领域内有较深的理论性和科学意义的研究问题。科学问题具有科学探索的价值,以及需要从理论层面研究解决的特点,是有别于技术问题的原理性问题。从严格意义来讲,技术问题的解决应该是以科学问题研究成果为基础的,只有在科学问题解决之后,所研发的技术方法才具有科学性、可靠性和广泛适用性。解决技术问题的目标是追求实现某种技术效

果,研究技术问题,首先应制定一个技术方案,根据技术方案要求实现的技术效果选择保护材料及实施工艺。文物保护中的工程问题包含了科学问题、技术问题和管理问题,根据工程性质不同,选择解决问题的思路也会有所不同。因此不难看出,文物保护的工程问题具有综合性、系统性的特点。

关于文物保护科学问题与技术问题的区别,如在对脆弱文物进行加固时,通常是寻找一种能够提高文物实体材料强度的加固剂,并弄清楚加固剂的实施工艺,应用之后其能够使文物实体达到需要的强度,问题就算是解决了。整个研究的思路以技术方案为指导、以技术效果为目标、以技术手段为研究内容。为什么说这里解决的是技术问题呢?因为研究结果中没有说清楚文物实体材料为什么会脆弱,加固的理论依据是什么,保护效果长期有效的依据在哪里,最终解决的是什么样的共性问题以及可否推广应用。而这些没有厘清的都是科学理论方面的内容,属于原理和共性层面的,是基本的科学问题。

一方面,由于文物实体的个体差异性较大,给文物保护中的科学问题研究带来了很大难度;另一方面,文物是不可再生的,具有重要史料价值,是人类文明发展、演变的实物证据。对于如此珍贵的文物,研究清楚文物保护中的科学问题是文物得到有效保护的关键,只有建立在文物保护科学问题研究基础上的保护技术才是科学的、可靠的、可推广应用的,且具有长期稳定的保护效果。

文物实体的加固、清洗、防色彩褪变、长期稳定性、保护材料的耐老化、传统工艺科学化等问题,均包含了大量的科学问题,应进行深入研究。上述问题的研究成果一定能极大地提升文物保护技术水平。

文物保护中的科学问题、技术问题以及工程问题是文物保护领域内三大问题,这三大问题均具有跨学科的特点,与化学的、物理的、生物的、材料科学等学科交叉,涉及的知识面极广,需要团队攻关。因此,加强合作与交流,以探索科学问题为研究基础,以技术效果为检验标准,以解决工程问题为目标,才是解决文物保护问题的正确途径。

4.5.3 文物实体封护中的科学问题

在铁质文物、青铜器、石质文物、木漆器、壁画等文物的保护实施过程中常采用封护技术,目的是防止环境中的有害物对文物实体造成侵害。由此可知,文物实体的封护保护非常重要。传统方法中,古代青铜器用蜂蜡封护,这说明古人已知道了封护对保护青铜文物的重要性。

首先,什么是"文物实体的封护"?"封"是使文物实体处于一种相对封闭的状态,是方式;"护"是使文物实体免受侵害,是目的。封护的目的是保护文物,尽可能减少环境中的不利因素对文物实体的伤害。

封护在日常生活中也十分常见,如四川泡菜制作过程中为防变质使用水封、机械防锈使用油封(防锈油)。文物保护中的封护方式也存在很多种,如充氮保护、金属器物表面形成致密氧化膜、高分子材料在文物实体上形成封护膜等。文物实体的封护阻隔的主要是环境中的水、污染气体、有害微生物、光和飘尘等。

充氮封护的目的是营造一种无氧、无污染气体、无有害微生物、无灰尘的环境,使文物实体免受这些不利因素侵蚀。充氮封护的前提是有相对密封的容器和提供氮气的装置。充氮封护的科学原理简单易懂,技术并不复杂,此处无需赘述。

除了充氮封护外,最常用的方法是使用某种材料,使其在文物实体表面形成一种致密的膜,阻止氧气、污染气体、微生物孢子、水份、光和飘尘等有害因素对文物实体的损害。封护有两种类型,一种是完全封护,如可移动文物青铜器的封护;另一种是部分封护,如室外大型石刻文物封护时,与地面接触部分无法封护,建筑壁画亦是如此。很显然,对于部分封护的文物,其未封护部位有可能是有害物进入的主要通道。

在文物实体表面涂覆成膜物质(一般使用的高分子材料),使其在文物实体表面形成封护膜,是文物保护领域常用的技术手段,此种封护实际上属于文物的预防性保护范畴。从探索科学问题的角度分析,文物实体封护应考虑以下几个问题:

(1)可再处理性。文物实体封护的有效期不可能是无限长的,一旦失效,势必需要对文物实体进行再次保护,此时,如果受封护材料的影响,使得再次保护无法进行,这就是不具有可再处理性。对文物实体进行封护时应避免此类情况发生。

(2)封护界面。封护材料一般施加在文物实体表面,在实施封护时应研究封护材料与文物实体材料形成的界面性质,保护材料与文物实体材料形成的界面应满足文物保护相关要求(可参考《文物保护基础理论》一书)。

(3)封护膜孔隙。如果要阻止环境中的有害分子进入文物实体,那么封护膜就是一种隔离膜，其膜孔隙的直径一定要小于有害分子的直径。

（4）封护膜表面张力。因为大部分的有害物分子是极性的，进入文物实体的途径首先是被吸附，然后通过孔隙渗透，进入文物实体。因此，膜的表面张力越小越好，以防止有害物分子在膜表面吸附。

（5）封护膜降解。封护材料降解产物对文物实体材料的影响，封护材料老化失效后，其降解产物会不会对文物实体产生破坏作用？在研发封护材料时必须考虑，如封护材料降解产物酸性或氧化性较强，对大多数文物实体都会产生一定的腐蚀作用。

（6）封护膜透气性。一般情况下，不可移动的封护还应考虑文物实体的"呼吸作用"，其含义是地下水通过毛细作用由文物实体与地面接触部位进入文物实体后，应能够借助于文物实体和封护膜的孔隙逸出，进入环境，同时环境中的水分子也能够由文物实体和封护膜孔隙进入文物实体，使文物实体维持含水率稳定，避免产生较强的湿胀干缩现象，导致内应力集聚，发生应力破坏。

（7）材料匹配性。封护材料与文物实体材料耦合性好，对保护有利。通常情况下，材料之间的耦合相对复杂，研究难度较大。简单地说，如果文物实体材料是刚性的，而封护材料是柔性的，这时二者的耦合性一定不佳，不利于文物实体的保护。

（8）水盐运移影响。对文物实体封护时还应考虑文物实体内部有害物的运动，如石质文物、土遗址、建筑壁画等不可移动文物中的水盐运移造成的酥碱。

（9）响应速度。封护的文物实体实际上是一个封闭体系，可以与外界发生能量交换，与外界（环境）能量交换的速度，即对环境温度的响应情况如何，对维持文物实体的稳定也很重要。

（10）特殊案例研究。例如铁质文物的封护，众所周知，铁生锈后体积是增大的，一旦铁器生锈，就有可能顶破封护膜，使封护无效。

上面列举了文物实体封护中的10个科学问题，围绕上述10个方面可以制定相应的封护技术评估指标，用于判断封护效果如何。当然，除这10个问题之外，还有如封护膜对文物实体外观的影响等，都是在对文物实体进行封护时需要考虑的。

4.6 文物保护领域的逻辑关系

文物实体是各种病害的载体。不论是文物本体材料质点,或者是伴生物质点,一旦出现病害,一定是由于质点发生了改变或位移。质点的改变可能发生一次,也可能发生多次;发生一次的是主体结构病害,发生多次的则是腐蚀降解产物病害[1]。

文物保护从本质上来说就是给文物治病,文物保护工作中的逻辑关系主要有两个方面。

一是文物病害研究中的逻辑关系,类似于医学中"临床诊断的推理",主要是指对病害进行判断的思维过程的描述。文物病害研究中的逻辑思考一般分两步进行,首先是观察和收集病害的各种客观现象,这其中包括对文物的外观颜色、形状、触摸感等进行直接观察的结果,以及对于文物实体组成材料的变化、腐蚀降解产物鉴定、污染物检测分析、力学测量等大量涉及材料微观结构和表面性能变化的检测数据;其次是通过数据分析研究病害机理。文物病害研究的逻辑为:① 在直接观察结果和检测数据中寻找病害主要特征;② 分析环境因素对文物实体的影响,考虑由环境因素(外部因素)导致病害的可能性;③ 从文物实体材料组成的角度,也就是说从文物实体内部找原因,确定主要影响因素,同时排除非主要影响因素;④ 综合以上分析研究结果,提出关于病害机理的假说;⑤ 用模拟实验验证假说,判断假说的正确性。任何不经过验证的假说就只是一种思维推理。只有当模拟实验能够重复出病害现象时,才能证明假说的合理性。图4.5说明的是石质文物实体的宏观病害与质点微观运动状态的对应关系,这也是石质文物"临床诊断的推理"依据,图中揭示了文物实体内部的微观质点运动与文物实体的宏观病害现象之间的关联性。

二是保护处理中的逻辑关系。在已知文物病害机理和病害发展对文物损伤的结果的前提下,对出现病害的文物实体进行治疗,这其中的逻辑思考是在文物保护原则和理念指导下对于保护技术的选择,分为以下几步:① 文物实体病害的抑制,即防止病害进一步发展对文物实体造成更大损伤。② 病体的恢复,在文物实体病害得到抑制之后,有可能需要对文物实体进行加固、清洗,使文物实体的主要性能得到部分恢复,如脆弱文物的加固(部分恢复文物实体材料的强度性能)。③ 文物实体的长期稳定化,这其中包括文物实体材料稳定(不发生或不易发生腐蚀和降解反应)以及文物实体物理结构稳定(无应力或能够自动释放应力,不会因力的影响发生变形、开裂等病害)。文物实体稳定与否与保护材料文物实体材料的性能匹配情况、保护处理工艺条件、保护材料的耐老化性等方面密切相关。④ 保护效果评估和长效监测,文物实体经保护处理后,需要对保护处理的效果进行评估,并对在文物实体保存、展示过程可能出现的各种情况予以预判,且文物实体的长期稳定化也需要通过长期监测来判定。

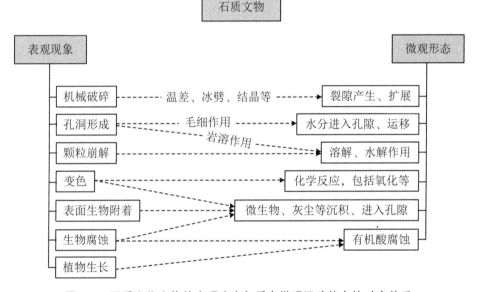

图 4.5　石质文物实体的宏观病害与质点微观运动状态的对应关系

文物保护学与医学具有一定的相似性。医学逻辑(medical logic,又称医学逻辑学),从 1819 年《医学逻辑要义》一书出版算起,距今已有一百多年的历史[11],发展较为成熟,极大地促进了医学科学水平的提升。然而,文物保护逻辑至今尚未得到重视,这和文物保护学科发展得不完善密切相关。目前文物保护工作者的逻辑训练远远不够,从发表的研究论文来看,研究逻辑混乱、不清晰的现象较为普遍,此种现状不利于文物保护学科发展,亦制约了行业进步。希望文物保护相关人员能够进一步厘清文物保护中逻的辑关系,并将之用于文物保护实践,推动行业技术水平的提高。

参 考 文 献

[1] 龚德才.文物保护基础理论[M].合肥:中国科学技术大学出版社,2019.
[2] 龚德才,徐津津.论文物保护学的理论模型[J].东南文化,2015(1):16-21.
[3] 龚德才,徐津津.文物保护学的理论模型再探讨[N].中国文物报,2013-05-03.
[4] 张杨,陈子繁,龚德才.糟朽皮革保护加固材料的研究[J].中国皮革,2017,46(3):22-26.
[5] 耿璐,魏彦飞,龚钰轩,等.脆弱黏结出土丝织品文物揭展技术研究及应用[J].文物保护与考古科学,2017,29(3):6-13.
[6] 张明泉,张虎元,曾正中,等.莫高窟壁画酥碱病害产生机理[J].兰州大学学报,1995(1):96-101.
[7] 韩向娜,黄晓,张秉坚,等.纳米氢氧化钙的制备及其在文物保护中的应用[J].自然杂志,2016,38(1):23-32.
[8] Gong D, Zhu Z, Liu L. Micro-mechanism elucidation of the effects of dehydration on waterlogged historic silk (Bombyx mori) by near-infrared spectroscopy[J]. Studies in Conservation, 2015, 60(5): 284-290.
[9] 秦俑彩绘保护技术研究课题组.秦始皇兵马俑漆底彩绘保护技术研究[J].中国生漆,2005(1):7-16.
[10] 龚德才.标准样品在古代丝织品保护研究中的地位和作用[N].中国文物报,2006-08-11.
[11] 医学逻辑是怎样的？[EB/OL].[2023-02-09]. https://zhidao.baidu.com/question/329431619.html.

第 5 章　论文物保护学科建设

近40年来，中国文物保护事业获得了巨大发展，取得了长足进步，开设文物保护类专业或研究方向的高校逐年增多。反观文物保护学科发展现状，直到现在，文物保护专业还没有统一的专业名称。本书第2—4章已对文物保护基本概念和专业术语体系、文物保护理念与原则以及文物保护基础理论进行了系统归纳和深度剖析，文物保护学科建设的基本内容和学科范畴已较为清晰。

文物保护学科的建立与建设是对文物保护领域科学研究成果的肯定，不仅有助于推动文物保护工作的创新发展，还有助于提高文物保护各项工作的水平和质量；是文物保护高等教育可持续发展的重要支撑，贯穿本科生和研究生的人才培养体系，能够充分保证文物保护高等教育整体专业能力提升和可持续发展，是构建多层次、多类型文物保护教育和学位体系的有力保障；是对文物保护队伍建设的极大推动，能够进一步提高办学水平和人才培养层次，强化高层次人才培养对于提高我国文物保护队伍的整体水平和专业化能力十分必要；是对各文物保护教学研究单位发展的促进，设置文物保护专业的高等院校可以充分利用本校学科优势，扬长避短，办出特色，在人才培养、科学研究和社会服务方面不断开拓发展空间。

综上所述，文物保护学科的建立与建设已成为文物保护事业发展亟待解决的重大问题。

5.1 文物保护学科发展历程

1939年,布兰迪创建了世界上第一所文物修复学校——意大利中央文物修复院;1964年,哥伦比亚大学成立了第一个建筑保护专业;随后康奈尔大学、佛蒙特大学、波士顿大学、东密歇根大学等24所大学相继开始设立这一专业[1]。1975年,意大利文化遗产部佛罗伦萨OPD修复中心(Opificio delle Pietre Dure e Laboratori di Restauro,OPD)成立,是意大利具有文物保护人才培养能力的两所著名的国立保护学院之一,主要开展艺术品保护与修复方面的教学工作[2]。如今,意大利的卡梅里诺大学、佛罗伦萨大学、卡拉不利亚大学等高校均设有文物修复专业;法国开设文物保护专业的学校有巴黎第一大学、法国国家遗产学院、法国图尔美术学院、法国阿维尼翁美术学院等。

我国文物保护学科的建设发展主要体现在以下几个方面。

5.1.1 相关研究和教学机构

新中国成立初期,我国即着手创办文物研究机构。1950年4月,敦煌艺术研究所改名敦煌文物研究所;同年5月,中国科学院考古研究所成立。此后,相关文物研究机构随着文物事业的发展而逐步建立和发展起来[3]。至1989年底,我国主要文物研究机构已有31个,且数量逐年递增。主要文物研究机构可分为综合性和专门性文物研究机构两种,前者为文物考古研究所;后者为文物保护技术研究所,如湖北省荆州文物保护中心。一般来说,较大的博物馆一般都设有专门的文物保护机构,南京博物院便设有南京博物院文物保护科学技术研究所,陕西历史博物馆还设有专门的壁画修复中心。

在教学单位及人才培养方面。改革开放以来,我国文物保护事业从初创期进入了成熟发展期,取得了丰硕的成果。但出土的大量文物急需保护与文物保护专业人员严重不足的矛盾依旧非常突出,为解决文物保护专业人才的缺口问题,文物保护学科在全国范围内开始创立。1989年,西北大学文物保护技术专业人才培养计划论证通过,我国高等院校的第一个文物保护专业由此诞生。北京大学于1993年在考古学专业下设置了文物保护技术本科专业方向。复旦大学和西安交通大学也曾在2000年左右开设过文物保护技术本科专业,后因各种原因停止招生。近年来,太原理工大学、哈尔滨师范大学、西北民族大学、山西大同大学、天水师范学院等高校相继开设文物保护技术本科专业[4]。同时,北京大学、中国科学技术大学、西北大学、浙江大学、北京科技大学、复旦大学、山东大学、兰州大学、陕西师范大学、中山大学、上海大学、西北工业大学、四川大学、武汉大学、吉林大学等一大批"985"或"211"高校,开始招收文物保护方向的硕士和博士研究生,为文物保护领域培养了数十名专业人才。此外,云南文化艺术职业学院、天津轻工职业技术学院、江西陶瓷工艺美术职业技术学院、景德镇陶瓷大学、陕西文物保护专修学院等近20所专科学校开设文物修复与保护专业,培养文物修复人才。[5]

截至目前,我国开设有文物保护类专业或研究方向的高校共计70余所。其中,19所高校开设本科专业,44所高校设有硕士学位授权点,15所高校设有博士学位授权点;大专高职类院校共19所。除了新疆、海南、宁夏等少数地区外,全国大多数省份都有设立文物保护类相关专业或研究方向的高校分布,这一数字还在持续增加[6]。与此同时,高校培养的大量高学历、跨学科新型人才充实到文物保护科研一线,极大提升了文物保护科研团队的研究水平。

5.1.2 学术团体和学术刊物

随着文物保护研究的深入和文物保护事业的蓬勃发展,我国成立了数十个具有影响力的学术团体,不仅有中国文物保护技术协会、中国文物修复协会、中国文物学会、中国古迹遗址保护协会、中国化学会下设的文物保护专业委员会等全国性学术团体,而且有一些由地方政府主管的,如北京市文物保护协会、上海市文物保护工程行业协会、江苏文物保护协会、沈阳市文物保护协会等地方性学术团体,它们都在文物保护工作中发挥着不容小觑的作用。长期以来,这些学术团体不仅关注和支持着我国文物保护工作的发展,积极开展研究工作,促进不同文博单位、高校之间的学术交流,还通过宣传文物保护法规政策,进一步提升公众文物保护意识,引导公众参与文物保护事业的建设。以下介绍部分学术团体。

1. 中国文物保护技术协会[7]

中国文物保护技术协会成立于1980年,是一个跨学科、跨行业、跨部门的学术性群众团体。40多年来,中国文物保护技术协会以打造"文物科技工作者之家"为己任,团结全国文物科技工作者、热心于科技事业的各行业科学家和工程技术人员,与各地文物工作者精诚合作,承担了数百个文物保护项目和科研项目,已成功举办11届学术年会,在学术交流、编辑出版、继续教育和科学普及等方面做了大量卓有成效的工作。

2. 中国少数民族文物保护协会[8]

中国少数民族文物保护协会成立于1993年,是全国性、学术性与专业性兼具的、非营利性的社会团体,按照协会章程积极开展民族文物保护和优秀民族文化遗产的弘扬开发工作。自成立以来,协会致力于民族文化遗产的抢救、保护与开发工作,多次组织会员配合中国民族博物馆赴内蒙古、西藏、新疆、广西、云南等少数民族居住地区进行民族文物的调查和抢救征集工作,取得了显著成果。

3. 中国古迹遗址保护协会[9]

中国古迹遗址保护协会成立于1993年,是由从事文化遗产保护与研究的专家学者和管理工作者自愿组成的全国性、群众性、非营利性的学术团体。协会旨在团结广大文化遗产保护、研究和管理工作者,贯彻"保护为主、抢救第一,合理利用,加强管理"的文物工作方针,从事文化遗产保护理论、方法、科学技术的研究、运用、推广和普及,为文化遗产的保护工作提供专业咨询服务,促进对文化遗产的全面保护与研究。

4. 中国文物学会文物修复专业委员会[10]

中国文物学会文物修复专业委员会是由民政部于2003年12月24日批准成立的一个全国性的学术研究团体,负责开展文物修复科学技术的研究,组织召开文物修复技术研讨会和专题学术考察调研,广泛交流文物修复技术新成果,在继承发扬优秀的传统文物修复技艺的基础上积极探索引进现代科学技术,逐步系统完善文物修复科学技术。同时培养文物修复技术人才,提供文物修复、保养、复制、仿制和鉴定的技术咨询、论证和服务。

目前,文物保护学科的学术刊物种类丰富,包括《文物保护与考古科学》《考古与文物》《文物》《考古学报》《考古》《中原文物》《华夏考古》《东南文化》《中国国家博物馆馆刊》《四川文物》《江汉考古》《故宫博物院院刊》《北方文物》等十余种考古及文物类中文核心期刊,《Journal of Cultural Heritage》《Journal of Archaeologiccal Science》《Archaeometry》《Spectroscopy》等 SCI 期刊,以及《中国文物报》《中国文化遗产》《文物世界》《文物鉴定与鉴赏》等。除此之外,文物保护与其他学科交叉产生的重要学术成果也可发表在《材料导报》《表面技术》《中国造纸》等化学、物理、生物等相关领域的学术期刊上。这些学术期刊上发表的论文充分展现了文物保护的科学研究、应用成果,关注了国内外同领域研究中的新进展和新动向,重点介绍了科学技术在文物考古中应用的新技术、新方法、新经验,在加快文物科研成果的推广应用、推动我国文物科学保护事业的发展方面发挥了积极的作用,并在行业内及海内外具有一定的影响力。

不难发现,自 1989 年文物保护专业开创以来,我国的文物保护学历经近 40 年,取得了辉煌的成就,相关研究机构、教学单位与日俱增,培养了大量从事文物保护工作的人才,相关学术团体、学术刊物发展迅速、成果卓著,其学科体系也逐渐清晰和完善。但遗憾的是,其学科建设还没有引起社会足够的重视,文物保护至今仍不是一门正式的学科,学科发展受到生源、专业与学位名称不统一、研究经费等因素制约。因此,建设与国家战略、社会需求相契合,适应我国文物保护任务及人才紧缺现状需要的文物保护学科尤为重要。

5.2 文物保护学科交叉性

由文物保护学科框架体系可知(见图 5.1),文物保护是由人文社会科学与自然科学交叉形成的。文物保护学以理念、原则为主导的思想体系绝大部分属于人文社会科学范畴,而支撑理论、研究方法的却是以自然科学为主的知识体系。

Interdisciplinary(交叉学科、跨学科的)是美国哥伦比亚大学心理学家伍德沃斯(R. S. Woodworth)于 1926 年首创的一个专业术语,用于指称超出一个学科范围的研究活动[11]。1976 年,英国创办了国际性的交叉科学杂志《交叉科学评论》(《Interdisciplinary Science Review》)。1980 年,国际跨学科学协会正式成立,以跨学科科研和跨学科管理的研究为中心[12]。1984 年,我国国务院通过了《关于科学工作的六条方针》，支持交叉学科的发展。本节将从以下五个方面对文物保护学科的交叉性进行阐述。

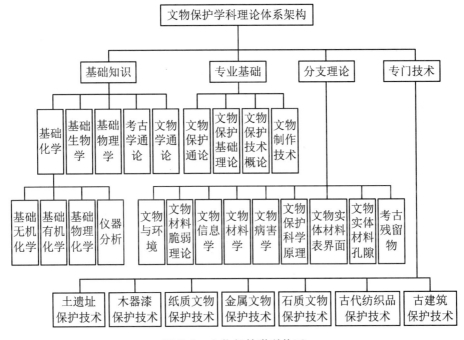

图 5.1 文物保护学科体系

5.2.1 什么是交叉学科

依据相关资料，交叉学科是指不同学科之间相互交叉、融合、渗透而出现的新兴学科。交叉学科可以是自然科学与人文社会科学交叉而形成的新兴学科，也可以是自然科学和人文社会科学内部不同分支学科交叉而形成的新兴学科，还可以是技术科学和人文社会科学内部不同分支学科交叉而形成的新兴学科。近代，科学发展特别是科学上的重大发现，国计民生中的重大社会问题的解决等，常常涉及不同学科之间的相互交叉和相互渗透[13]。钱学森早年给交叉学科下了一个定义，他说："什么叫交叉学科？我认为，所谓交叉学科是指自然科学和社会科学相互交叉地带生长出的一系列新生学科。"[14]

5.2.2 文物保护学科的交叉性有哪些

本节开头已经说明文物保护学是由人文社会科学与自然科学交叉形成的一门新兴学科,文物保护学最高交叉层级是人文社会科学与自然科学,基础交叉层面的相关学科分别为:人文科学领域的历史学、考古学、美术学、建筑学、科学技术史、哲学等,自然科学领域的化学、物理学、生物学、地质学、材料学等。文物保护学自然科学特征体现在文物材料研究、文物保护分析技术、文物保护工程技术,以及与文物实体材料的腐蚀降解相关的化学、物理和生物过程的研究上。对文物实体相关客观现象的研究内容大多数属于自然科学范畴,而人文学科特征多体现在文物价值认知、保护理念上,属于主观层面。

5.2.3 文物保护学科是由哪些学科交叉形成的

与文物保护学不同方向交叉的学科亦有不同,例如,文物与环境(文物保存环境)方向,涉及文物材料学、环境科学与工程、大气环境、化学、物理学、力学和生物学等(见图5.2)。单纯知识应用与学科交叉有本质区别,单纯的知识应用往往是针对个体或一类对象,不具有共性和普遍的意义;而学科交叉是以理论为主导的,通过对共性问题的系统性研究,以期寻找规律、形成理论。交叉学科是两个或多个学科知识结合产生的具有新理论特点的、脱离个体的、具有一般规律的新的知识体系。学科交叉的创新成果形式往往是新的理念、理论和方法。例如,汽车喷漆工艺过程,不是涂料学科与汽车学科交叉,这只是对涂料学科知识的简单运用,并没有形成新的知识体系,所以不是交叉学科。通常,使用的概念、术语等相同的两个学科交叉,一般是学科方向交叉,属于近程交叉;相互使用的概念、术语等相差很大的学科之间的交叉,属于远程交叉,产生的则是新兴学科。由于交叉学科发展迅速,交叉学科数量庞大、种类繁多,目前对近程交叉与远程交叉的界限暂无法给出明确的定义。以生物化学为例来看,采用化学和生物学科的理论、技术和方法,研究生物领域物质代谢问题,形成的是共性理论,因此可说化学与生物知识结合创建了新的理论体系——新兴学科生物化学。

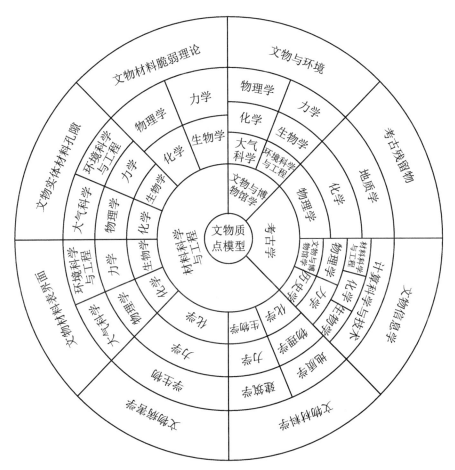

图 5.2 文物保护学科的交叉性

5.2.4 交叉学科文物保护产生的背景

随着文物保护研究对象越来越复杂,文物实体材料的腐蚀、降解,以及保护材料研发、文物价值信息采集等科学问题越积越多。对于每个问题,从不同视角审视似乎都会有新的发现,但又难以集结形成系统的理论。因此,文物保护的发展需要系统性的知识加以支撑,从而获得解决问题的理论和方法,以指导文物保护实践。此种现状正是文物保护这一交叉学科的产生动力。

人文社会科学与自然科学交叉形成的文物保护,其交叉权重中自然科学大于人文社会科学(见图5.2、图5.3),这就是文物保护专业导师更倾向于选择理科生的缘由。而涉及的人文社会科学有考古学、博物馆学、历史学、科学技术史等,这些专业背景的学生在文物的价值认知研究、古代文献的查阅与利用方面会更具优势。

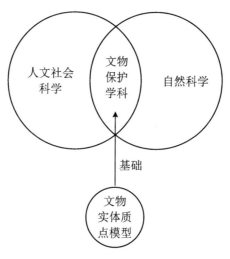

图 5.3　文物保护学科的形成

5.2.5　人文社会科学和自然科学在文物保护学科中交叉的内在逻辑关系

对文物保护学科而言,在对文物的价值认识、保护理念和实现目标进行分析时,需要运用许多人文社会科学的知识和思想,而关于文物实体的腐蚀机理研究、保护技术的研究则需要大量自然科学知识作为支撑。在文物保护学科中,人文社会科学决定着文物保护学科发展的总体方向,也就是说,文物保护的最终目标是通过保护文物实体,使文物价值得以保护并能够长久传承。挖掘文物价值的手段和方法属于自然科学领域,但价值的认知和认定却需运用考古学、历史学,以及美术学等人文社会科学知识。

综上所述,保护文物的历史人文价值是人文社会科学研究的内容,其研究结论对制定保护目标具有指导意义。对文物实体进行保护操作时,保护技术、方法和材料的实施依据则是自然科学的研究成果。这样的逻辑关系说明文物保护的研究思路应具有多学科的视野,对研究对象要从多个角度进行分析研究。若单纯以"文"或"理"的视角开展文物保护研究,则既违背了文物保护交叉学科属性,又无法实现保护文物、传承价值的目标。

5.3 文物保护与其他相关学科的区别

文化遗产科学包括两方面内容,一是文化遗产的人文科学,如考古学、文物与博物馆学等,属于人文科学研究范畴;二是文化遗产的物质科学,以文化遗产的物质实体为研究对象,利用现代分析技术、材料科学、水文地质、环境科学、工程学等学科的理论和方法,研究文化遗产物质实体的价值内涵、病害的发生和发展、保护技术和方法等,属于物质科学研究范畴。这其中包括文物保护学、科学技术史和科技考古。文化遗产的人文科学因其能够揭示人类文明起源、演变过程,其研究成果有助于提高国家的软实力,而受到社会广泛关注,其重要地位毋容置疑,其中的考古学、文物与博物馆学均是一级学科。相比于文化遗产的人文科学,其物质科学受到的重视程度则远远不足。以文物保护为例,人民大众对文化遗产物质科学的了解,常仅限于文物修复,如青铜器、瓷器等文物的修复,以及传统的书画装裱,而其物质科学内涵几乎鲜有人知。

综合分析可知,文物保护学与同属于文化遗产科学的考古学、文物与博物馆学、科学技术史等学科相互依存,联系紧密。对于文物与博物馆学,魏文斌认为:"文物与博物馆学……,它主要涵盖了文物学和博物馆学,并与考古学关系极为密切,是一门内容较复杂、内涵较丰富的人文学科。从某种程度上讲,文物与博物馆学是属于文化遗产学(广义)的一个不可或缺的重要组成部分。"[①]由上述文物与博物馆学的定义以及下文所提到的考古学的定义可知,其研究对象均为文物实体,只有文物实体存在,考古学、文物与博物馆学的研究工作才能进行。一旦文物实体损毁、文物价值消失,相关人文科学的研究就无法开展了。如何使文物实体和文物价值得到长期保存,正是文物保护学的主要研究内容。因此,考古学、文物与博物馆学对文物保护学科有着很大的依赖性。文物保护

---

① 《普通高等学校本科专业目录(2012年)》中的文物与博物馆学(2012年以前叫博物馆学),与历史学专业、世界史专业、考古学专业、文物保护技术专业(特设专业)同属历史学类,毕业生获得历史学学士学位。

是文化遗产人文科学的重要支撑,文物保护工作的重要性通过文化遗产人文科学体现。考古学通过挖掘遗迹、遗物来研究人类历史活动和历史发展规律,考古发掘工作可以为文物保护学提供研究所需的实物资料。而文物保护学又服务于考古学、文物与博物馆学等学科。例如,针对不同材质的文物研发适用的科学技术,可以最大限度地保持文物实体材料的稳定性,为考古发掘现场文物保护以及后续博物馆的文物展陈、保管工作提供借鉴。近些年来,文物保护和考古田野发掘、博物馆文物日常养护的关系越来越密切,考古发掘现场以及博物馆相关工作的开展都离不开文物保护学科的支持。

文物保护与其他相关学科虽密切相关,但仍有着显著区别,主要体现在以下几个方面。

5.3.1 文物保护的研究对象特殊性

考古学的定义是:"考古学是根据古代人类通过各种活动遗留下来的实物以研究人类古代社会历史的一门科学。实物资料包括各种遗迹和遗物,它们多埋没在地下,必须经过科学的调查发掘,才能被系统地、完整地揭示和收集。"[15]科学技术史的定义是:"科学技术史是研究科学技术的发生、发展及不同历史时期中科学技术与社会的相互关系,进一步寻求科学技术内在规律及其发展动力的科学。"[16]

文物保护指的是在满足文物保护理念和原则要求的前提条件下,通过技术实施,使文物的真实性和完整性得到妥善维护,并使之得以尽可能长期地传承。此处所说的文物,实际上是指文物物质实体,不包括非物质文化遗产。文物保护学,即以文物实体为研究对象,探寻文物物质实体产生直至消亡的现象,以及文物信息的变化规律,研究满足文物保护理念和原则要求的文物实体稳定的理论,寻找维护文物实体稳定及使文物真实性和完整性得以长期传承的科学途径。从上述定义可知,文物保护学的研究对象为文物物质实体,研究内容以物质科学为主,但它保护的文物的真实性和完整性则是人文科学的主要研究内容。

综上所述,人类历史活动中一切具有历史、艺术、科学价值的遗存都属于文物保护的研究对象,因此,近现代文物也属于文物保护的范畴。而考古学的研究对象则是古代人类通过各种活动遗留下来的实物资料,由于考古学十分注重对早期历史的探索和发现,特别重视反映人类早期生产力发展水平的石制工具,所以时代偏晚的历代书画、明清时期的各种艺术品和工艺美术品,则通常不在考古学研究的视域内。而作为研究科学技术产生和发展的历史过程及其规律的科学技术史,注重的是古代的科学、技术以及科学思想,所以与文物保护学科所研究的对象重合度不高。

5.3.2 文物保护的研究方法特殊性

由于文物是由一定的材料所组成的,这些材料又处在一定的环境中,文物材料的老化变质是材料自身与外界环境共同作用的结果。材料是老化变质的根本因素,即内因,而环境条件是外因。因此,文物保护科学的研究方法,首先是研究如何控制环境,把由环境因素引起文物材料老化变质的速度降到最低限度;其次是研究文物本身材料的性质,人为采取措施,制止文物材料的损坏或尽量减缓损坏速度,使文物材料尽可能地保持稳定;再次是研究如何防止进一步老化变质,对文物进行保护修复处理以使文物材料达到新的稳定状态。文物实体是由各种材料制作而成的,因此文物保护学的研究内容常涉及材料学、化学等自然科学的理论和方法,但与材料学相比又有所不同。材料学以材料的功能研究(如超导、高强度等)及功能实现(如超导材料应用)为主要目标;化学注重的是研究物质间的化学反应规律;文物保护学也研究文物实体材料的功能及材料的腐蚀、降解反应,但研究目的是如何维护文物实体的长期稳定,以及使文物的真实性和完整性免受破坏并使之长期传承。这就是文物保护学与材料学等其他学科的区别。在文物保护研究过程中常用的方法包括模型法、风险控制法、模拟实验法、等效法以及局部实验法等。

此外,与文物保护学不同的是,考古学的研究方法主要是进行田野考古调查、田野考古发掘和对发掘资料的整理与分析,包括年代学、类型学和地层学等方法,其研究的重点是遗迹和遗物的整个系列和类型。而科学技术史多采用调查法、历史研究法、比较研究法、定量研究法、文献调研法等方法来探讨科技发展的过程,与文物保护学研究方法截然不同。

5.3.3 文物保护的研究目的特殊性

文物是历史人文信息或文化的载体,具有重要的历史信息和重大研究意义,但文物同时具有不可再生性,一旦损毁绝无再造的可能,因此对于现存文物的保护就显得尤为重要。文物保护学科的目标是在满足文物保护理念和原则要求的前提条件下,通过采取文物保护技术,使文物的真实性和完整性得到妥善保护,以期最大限度地延长文物的寿命,传播和传承民族文化,提升文化自信。

与文物保护学科不同的是,考古学致力于对古代遗物、遗迹进行描述与分类,对遗物、遗迹的年代进行鉴定,并判明其用途与制造方法等,进而实现在尽可能完备的实物资料的基础上,通过理论研究的方式,对人类社会历史进行分析和解释,阐明人类社会发展的最终目标。而文物与博物馆学则是通过对文物的收藏、管理、保护、陈列、宣教等方法来展现历史,其侧重点在于研究博物馆对展品的展示、展览的设计以及对藏品的收藏保存和研究。

5.4 文物保护学科视野

5.4.1 文物实体平衡

文物实体的表面是由多种材料组成的,其中包括文物制作材料、水分(少量)、污染物、腐蚀降解物、保护修复材料等,文物实体表面是阻止环境中的有害因素损害文物实体的重要屏障。文物表面环境平衡是指在文物实体材料表面与外界环境之间,通过能量流动、物质循环和物化反应,使它们相互之间达到高度适应、协调统一的状态,通俗说法就是当环境因素发生微小波动时,文物实体材料能够自动调节,以适应这种变化,如缓湿材料,当外部湿度高时能够吸湿,湿度低时能够放湿,通过吸湿与放湿的调节功能维持与环境的平衡。

文物表面环境平衡非常重要。只有当文物的表面环境处于平衡状态时,通过文物实体表面的能量和物质的输入与输出才能在较长时间内维持基本相等,文物实体材料的结构和功能才能处于相对稳定的状态,这时可以说文物实体处于平衡状态。

文物实体平衡有以下几种:

(1) 物质交换平衡。文物实体与环境始终存在物质交换，最常见的是水分子交换，即吸湿和放湿。如果水分子交换不平衡，文物实体就会出现与潮湿或干燥相关的病害，因此，文物实体的含水率应保持稳定。一般情况下，文物实体无论是和哪一种物质产生交换，一定要处于交换平衡，文物实体才能稳定。

(2) 力学平衡。文物实体的受力情况比较复杂，外界振动、自身重力、热胀冷缩和湿胀干缩等都可能使文物实体出现受力不平衡的现象。当文物实体各部位受力均衡或文物实体所受合力为零，而达到力学平衡时，文物实体才能处于稳定状态。

(3) 能量交换平衡。影响文物实体与环境能量交换平衡的因素有温度、光以及物质交换过程中带来的能量变化。外界振动、搬运也可能改变文物实体与环境能量的交换平衡，使文物实体处于不稳定状态。文物实体内部能量发生变化，会改变文物实体组成质点运动，特别是能量增大时，文物实体质点运动加快，易发生质点改变和位移，出现开裂、收缩等病害现象。所以，使文物实体与环境的能量交换达到平衡对文物实体的稳定至关重要。

平衡和稳定密切相关，平衡一旦遭到破坏，文物实体必然不稳定，各类病害就会相继发生。所以实现上述三种平衡是维持文物实体稳定的前提条件，也是对文物进行保护技术处理的科学依据。

与自然界其他物质一样，文物实体的平衡是相对的，不平衡是绝对的，文物实体始终处于"平衡—不平衡—平衡"的循环变化中，此过程将一直持续至文物实体消亡为止。

5.4.2 文物实体累积损伤效应

什么是文物实体累积损伤效应？在外界环境因素的作用下，组成文物实体质点运动状态发生轻微的改变，其中每一次的改变不会造成文物实体材料性能或文物信息发生明显变化，但长时间、多频次的重复改变，会使文物实体材料性能或文物信息发生质的变化，对文物实体造成明显损伤，这种现象为文物实体累积损伤效应。

文物实体累积损伤从何而来？文物实体累积损伤效应是一种因素与另一种或多种因素对文物实体连续作用、叠加后，导致的文物实体变化所产生的损伤效应。虽然单次损伤力度较弱，但时间上具有长期性、持续性。分析累积效应应从它的概念、因果关系模型入手,这个模型由三部分构成,即累积影响源、累积影响途径(过程)和累积影响类型。一般情况下,环境因素是主要累积影响源,环境条件不稳定极易造成文物实体的损伤累积,累积影响途径是改变组成文物实体质点的运动状态,累积损伤效应具有质点发生化学变化累积和应力累积等多种形式。

在我国西北半干旱地区,由于地下水位波动较大,埋藏环境湿度、微生物生长、盐分含量情况也在不断变化,文物的累积损伤通常比较严重,此种环境对于有机质文物保存非常不利。所以,西北半干旱地区鲜有保存状态较好的有机质文物出土。而我国南方地区的地下埋藏文物大多数处于饱水环境,环境比较稳定,文物的累积损伤相对较小,出土有机质文物保存状态比西北半干旱地区的好。新疆等干旱地区埋藏环境干燥,环境条件更加稳定,累积损伤对有机质文物实体造成的破坏相对更小。因而,新疆出土的有机质文物,如木器、丝织品的保存状态很好,部分丝织品文物出土时颜色十分鲜艳,如同新的一样。

文物实体累积损伤的本质是什么?是质点运动状态的变化。累积损伤共有三个特点:一是高频次,二是单次损伤轻微,三是长时间积累。质点的改变和质点位移,从量的角度看,环境因素缓慢变化时,单次数造成的文物实体质点的改变或位移是极其微小的,即使把时间长度扩展到几十上百年,也看不出有明显变化。但当文物实体经历了非常长的时间,数百上千年时,形成的文物实体的累积损伤效应非常明显。

研究文物实体累积损伤效应有何意义?任何一种微小因素作用结果,经过长时间累积之后,其造成的危害都无法被忽视。尽管单个变化极其微小,但最终累积的结果就是一个量变到质变的过程。因此,明晰文物实体累积损伤效应概念,了解累积损伤主要累积影响源,有助于加深对文物预防性保护理念的认识。

目前,在文物保护领域,关于文物实体的累积损伤基础研究还十分薄弱,特别是复杂因素超长期作用下的实体累积损伤研究基本处于空白。因此,对文物实体累积损伤的识别与评估及相关文物实体累积损伤防治技术与方法缺乏基础研究理论和相关成果支撑,导致文物的预防性保护技术指标无法体出区域性差别,如北方与南方,预防性保护工作常带有一定的盲目性。

5.4.3　文物实体组成材料分子图像

青铜器、木漆器、纸张、纺织品等各类文物实体都是由具体的分子或原子组成的,这些分子或原子是如何结合在一起的呢? 如果能够用图表示,这种图就是文物实体组成材料分子图像。分子图像是肉眼不可见的,我们可以用房屋建筑作比喻,可将房屋的砖瓦、木构件等组成房屋的材料视作组成文物实体的各种分子或原子,房屋的框架是分子或原子的结合,这种房屋建造材料之间的结合方式,就是所说的分子图像。对文物实体而言,组成文物实体的各种分子或原子通过特定方式结合在一起形成的微观图像,就是文物实体组成材料分子图像。与房屋一样,我们还可以在分子图像中看到有空隙(裂隙和孔隙)和各种表面形状(形貌)。

具备文物实体组成材料分子图像视野对文物保护工作来说十分重要。如同房屋,房屋出现问题的原因,可能与构件损坏、砖瓦脱落、墙体开裂等因素有关;在文物实体分子图像中,大分子降解成小分子类似于房屋构件损坏,砖瓦脱落好比成分流失,墙体开裂则与分子之间距离变大相似。在房屋中各构件所起的作用是不同的,有的十分重要,如承受重量的支柱,若支柱出问题,房屋就会有倒塌的危险。同样在文物实体材料中有的成分是支撑强度的(如纸张中的纤维素),有的是具有特定保护功能的(如蚕丝的丝胶),这样的成分即为"功能性成分",一旦功能性成分受损或缺失,就会对文物实体产生很大影响,因而"功能性成分"对文物实体而言具有重要意义。

文物保护工作者对文物实体现状的把握,如同医生对人体结构了解一样重要,这有助于医生对疾病的产生、病害情况的把握,以及医治方法的选择。同样,了解文物实体组成材料分子图像有利于了解文物病害,以及采用相应的保护技术。

文物实体稳定、文物实体平衡、文物实体累积损伤效应和文物实体分子图像视野,都可以在共性层面用文物实体质点模型加以解释。文物实体稳定强调的是,质点尽可能不发生改变和位移;文物实体平衡指的是,进入与离开文物实体的能量和质点数量相等,以及质点受力平衡;文物实体累积损伤效应含义是,质点改变的数量和位移程度是通过长时间缓慢积累产生的结果;文物实体组成材料分子图像则说的是,组成文物实体质点种类和结合方式在文物保护研究人员脑海中形成图像。由上述可知,掌握文物实体质点模型理论,有助于文物保护知识架构的形成。

5.5　文物保护学科体系

笔者认为,文物保护研究领域中的文物保护学科体系应包括四大部分:基础知识、保护理念和原则、研究方法、基础理论,以及贯穿于上述四部分之中理解运用的能力(见图 5.4)。

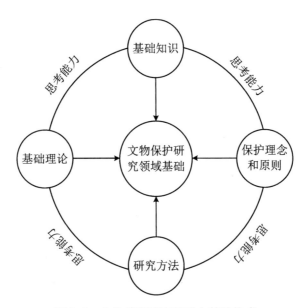

图 5.4　文物保护研究领域之基础构成

　　基础知识指的是与文物保护研究相关的人文社会科学和自然学科中的基础学科内容。人文社会科学基础知识包括考古学、文物学、历史学、建筑学和美术学等,自然科学基础知识涉及化学、生物、物理、地质等与文物保护交叉的多个基础学科。究竟有多少基础学科与文物保护相关,恐难以数清。总之,与文物相关的人文社会科学和自然科学中的物质科学基础学科,都可能包涵文物保护的基础知识。基础的重要性毋容置疑,建筑的基础决定了建筑的高度,同样文物保护研究人员的基础水平亦决定了其研究的能力。鉴于文物保护的基础知识内容十分庞杂,可以说没有一个人能够全部掌握。尽管如此,文物保护基础知识掌握的不全面并不意味着不能从事文物保护研究或做不出高水平的研究成果,关键在于工作人员是对业方向所涉及的基础知识的掌握。例如,从事青铜器保护方向的工作人员,应该了解青铜材料的性质、古代青铜的冶炼及铸造、金属腐蚀与防护等与青铜材料有关的基础知识。如果工作人员较好地掌握了上述基础,就能够开展高水平青铜器保护研究。

保护理念和原则是文物保护基础的核心,也是与其他学科的区别所在。对于文物保护理念和原则,多数人认为理解起来不难,这是文物保护研究领域最容易掌握的基础。其实不然,文物保护理念和原则包含一定的哲学思想,它们的产生多数与文物保护哲学有关,是人们对多个保护案例不同观点长期争论的结果,并且仍处在不断完善中。如果要深刻理解和把握文物保护的理念与原则,则必须了解这些理念和原则产生的背景、形成过程,以及对于具体案例不同观点的争论,如罗马斗兽场的四次修复经过和拉奥孔事件等。

研究方法在任何研究领域都是十分重要的,研究方法正确与否直接关系到研究结果的可信度。在文物保护研究领域,几乎所有的研究方法,都可归属为比较研究,无论是比较研究法、模拟实验、应用实验等,均是通过与不同研究对象进行比较得出研究结论。在文物保护研究领域,研究方法的问题显得尤为突出,以笔者阅读的已发表的研究论文为例,比较对象模糊、可比性不强(或针对性不强)等问题较为普遍,特别是有作者对暗隐的比较对象(研究成果成立的前提条件)亦不甚明了,这样的研究,其研究结果有可能就是错误的,且容易误导其他研究人员。

文物保护基础理论是文物保护学科中最薄弱的环节,由于文物保护基础理论的缺失或不完善,导致无法在科学的层面上建立文物保护的理论体系,培养人才只能采取从技术入手的方式。笔者认为,文物保护基础理论必须是基于科学层面的,能够体现文物实体特色的,包含文物保护学科一般规律的系统性知识。文物实体含有"成分""形"和"信息"三大属性。因此,文物保护基础理论应能够彰显这些学科特点。文物实体质点模型作为创建文物保护基础理论的一种探索,将文物实体运动规律由个性上升到共性,凝练出了各种文物的共性特征,通过"文物实体质点组成—质点运动—影响质点运动环境因素—形成若干分支理论"的主线,解释了文物实体"成分""形"和"信息"与文物实体组成质点之间的关系。文物实体质点模型的提出,对于文物保护学科建设具有一定指导意义,同时改变了文物保护学科建设中存在的"用解决具体问题的思路代替对文物保护学科本质问题和发展规律的思考"、难以形成规范化文物保护学科的现状,有利于学科体系的构建,亦有助于发现、研究和解决文物保护中的一般问题。

除以上述及的四大基础外,还有另外一种基础即思考,这属于能力基础范畴。思考包括思考方式和思考习惯,思考能力是所有专业领域研究人员所必备的,但在文物保护研究领域,这尤其重要。文物保护研究人员时常遇见不同文物、不同的现象,如果不加以分析思考,缺少平时思考的积累,见多也未必识广。只有那些善于思考,能够灵活运用掌握的知识、经验,分析所见所闻的人,日后才能出类拔萃。

5.6 文物保护学科建设面临的问题[5]

迄今为止,文物保护学仍不是一门正式的学科,其相关专业在学科目录里分布庞杂,学科发展受到来自现有学科体系的制约。当下,学科目录应当与国家战略、社会需求相适应,我国文物保护任务的严峻现状、文物保护人才的紧缺现状以及文物保护的学科交叉性质,使得推动文物保护学科建设的重要性愈发突出。基于国内文物保护学科发展的现状以及文物保护学作为一门学科的现实基础,建议增设文物保护学为一级学科。

就我国文物保护高等教育现状来看,可谓是发展迅猛,但仍存在一些问题。大批高校和学科领域都开设了文物保护相关专业或方向,每年培养了大量文物保护人才。但文物保护仍不是一门学科(一级学科),在我国现有学科体系下,文物保护的学科发展受到相当大的制约,主要体现在以下几个方面:

(1) 生源的制约。研究生教育生源来自于本科教育,招生单位和学位点都非常看重生源素质。目前文物保护对应的本科专业较少,甚至有的学校没有对应的本科专业。报考研究生生源非常杂乱,给后续的研究生教学带来了很大难题,也使文物保护学科建设受到一定的制约。

(2) 专业、学位名称不统一。由于文物保护学目前仍属于一级学科下的自设二级学科或研究方向,文物保护专业在整个学科目录里的分布十分庞杂,各招生单位的文物保护相关专业名称叫法不一,所属院系也不尽相同。这直接影响到了毕业生的就业问题。部分人事部门在拟定招聘专业时,要求招聘专业与人才培养的专业"一个字不能差",但由于文物保护专业名称的不统一、授予学位的差异性,使毕业生的就业、深造受到一定限制。

(3) 研究经费的制约。影响学科建设的基金分配上也是按照学科分类来进行的,由于文物保护专业在自然基金和社科基金目录中没有相对应的学科,导致研究人员无法申报课题。尽管课题具有研究价值,却一直未能得到有效的支持,甚至一部分科研成果无法得到资助出版,严重影响了学科的发展。

实际上,制约文物保护学科发展的因素远不止这些,但上述制约因素属于顶层设计层面,是方向性的和指导性的,是主要矛盾。假设文物保护成为了一级学科,那么文物保护招生问题、出口问题和科研项目申报势必都能够迎刃而解,学科建设和发展也会顺利许多。

参 考 文 献

[1] 王惮.美国历史建筑保护教育对我国相关学科建设的几点启发[J].装饰,2011(3):84-85.

[2] 切萨雷·布兰迪.修复理论[M].陆地,译.上海:同济大学出版社,2016.

[3] 中国文物科研机构现状分析[EB/OL].(2021-06-07)[2023-02-09].https://max.book118.com/html/2021/0606/5302312202003240.shtm.

[4] 周华.我国文物保护与修复人才培养困境与对策[J].中国文物科学研究,2020(1):24-27.

[5] 龚德才,乔成全,于晨,等.文物保护学科建设的思考与建议[J].中国文化遗产,2020(6):41-47.

[6] 龚德才.全国文物保护教学概况[EB/OL].[2019-8-19].https://weibo.com/7265470834/I2TR0y5LM.

[7] 中国文物保护技术协会[EB/OL].[2023-02-09].https://baike.so.com/doc/6416454-6630126.html.

[8] 中国少数民族文物保护协会[EB/OL].[2023-02-09].https://baike.so.com/doc/6340530-6554145.html.

[9] 中国古迹遗址保护协会[EB/OL].[2023-02-09].https://baike.so.com/doc/5388908-5625486.html.

［10］中国文物学会文物修复专业委员会［EB/OL］.［2023-02-09］. https://baike.so.com/doc/6416469-6630141.html.

［11］郑晓瑛.交叉学科的重要性及其发展［J］.北京大学学报（哲学社会科学版），2007，44(3).

［12］交叉学科前沿概述［EB/OL］.(2021-11-10)［2023-02-09］. https://www.jinchutou.com/shtml/view-209491989.html.

［13］交叉学科［EB/OL］.［2023-02-09］. https://baike.so.com/doc/6336902-6550515.html.

［14］钱学森.交叉科学：理论和研究的展望［M］.北京：光明日报出版社，1985.

［15］https://baike.so.com/doc/989990-1046570.html.

［16］赵丛苍.科技考古学概论［M］.北京：高等教育出版社，2006.

第 6 章　论文物实体材料及文物保护材料

本章论述的是文物实体组成材料和文物保护材料的相关问题。文物实体材料既是文物的物质实体，也是文物精神内涵的物质载体。文物保护材料是作用于文物实体的，对文物实体材质稳定性或结构稳定性或外观品相起保护作用的材料，要达到既不破坏文物所包含的历史人文价值，又能延续文物实体材料寿命的目的。从大量已取得的文物保护成果来看，绝大多数的研究工作重点均集中在文物实体材料的性能变化及保护材料功能方面，极少关注保护材料与文物实体材料之间的相互作用，而这种相互作用恰恰是文物保护领域的关键科学问题之一，只有厘清保护材料与文物实体材料之间的相互作用机理，才能掌握保护材料作用的科学原理，以及对保护效果进行科学评估，并从理论的角度指导具体实践。

6.1　文物实体材料与现代材料

6.1.1　文物实体材料的定义与特征

文物实体材料是指文物实体的组成材料，如青铜、纸张、纺织品、砖石等。

但与现代的铜器、纸张、纺织物和砖石等不同的是,文物实体材料大部分是"在复杂因素超长期作用下的、质地脆弱,但含有重要历史人文信息的材料"。其特点包括:一是经历的过程时间长、变化复杂,很多变化过程人类已无法知晓(如埋藏过程变化);二是超长的过程时间和复杂的变化过程易导致大部分材料质地十分脆弱;三是其造型和主要成分含有与特定时期古代人类社会活动相关的重要历史人文信息。

由于具有复杂性和多样性,文物实体材料最大的特征就是,文物实体材料受限于古代科学技术的发展水平,各种材料的提纯和精炼不可能达到很高的工艺水准,且为使材料的性能更加优异,工匠会有意在有些材料中掺入其他成分,因此通常其杂质含量较高。同时,由于文物实体从选材、加工制作、使用、埋藏到发掘出土、保护修复的过程经历了很长的时间,并且受材料本身性质和相应环境的影响,在这些过程中,文物实体材料发生了不同程度的降解或者老化。这一特点主要表现在文物实体材料的外观的改变和性能的降低上,甚至有些文物实体在埋藏千年的过程中逐渐消亡,只留下了些许痕迹。最后,文物实体材料具有一定的时代特征。文物实体材料的各种性质能够反映当时的工艺技术水平,具有时代特征和工艺特征,时代特征可以通过研究文物实体材料的信息获得。通过对文物实体制作、使用、废弃、埋藏、保护修复过程中材料组成、结构和性能变化等的分析,来采集文物实体的工艺信息和时代信息,发掘文物价值。

6.1.2 文物实体材料的组成结构与变化形式

大多数情况下文物实体材料是由多种材料构成的复合体,主要由文物本体材料、污染物、腐蚀降解材料、水和伴生材料构成。这是依据这些材料所含的文物信息进行的分类,是建立在文物信息学基础上的、对文物实体材料进行的分类。对于其中每一种材料结构、性能的分析检测和认知,则要依据材料学的手段和理论,从宏观结构到亚微观结构、微观结构,依次进行分析和研究。

1. 文物实体材料的组成结构

文物实体材料,从其本质上来说,是由分子或原子构成的物质实体材料,材料的性质、性能与其结构、构造有着密切的关联。因此,研究文物实体材料的基本点就是研究文物实体材料的组成和结构,以及它们与性能间的关系。对文物实体材料进行研究,最重要的就是从宏观结构、亚微观结构和微观结构这三个层面进行分类研究；针对不同尺度结构的原理，其研究方法也不相同[1]。宏观结构是指用肉眼或放大镜能够分辨的粗大组织，其尺寸约为毫米级大小，以及更大尺寸的构造情况；亚微观（或介观）结构也称细观结构，一般是指用光学显微镜所能观察到的材料结构；微观结构，是指物质的原子、分子层面的微观结构，一般要借助于电子显微镜、X射线衍射仪、红外光谱、拉曼光谱等具有高分辨率的仪器设备进行观察分析。[1]

2. 文物实体材料的变化形式

从文物实体材料的物质属性等方面来看，文物实体材料变化首先表现在文物实体的结构和形状方面。文物作为一种具有一定形状的物质实体，其存在的前提条件就是形状和结构的稳定性。除了化学组成成分的稳定性之外，形状和结构稳定的前提条件还包括了文物实体结构力学上的稳定、文物实体材料本身的力学稳定等。例如，在埋藏或者存续过程中，由于重力作用、相互挤压、地震等作用引起的文物实体的力学失稳和摩擦挤压变形等，以及温度、湿度变化引起的热胀冷缩、湿胀干缩等造成的应力集中，从而引起的文物实体材料变形、破裂、断裂等病害。

其次是文物实体的孔隙结构的变化。文物实体材料是历经数百上千年的古代材料，其上存在着各种尺寸、形状的孔隙，这些孔隙既包括原材料的原生孔隙，也包括在加工、制作等工艺过程中产生的次生孔隙。文物实体材料从其选材、制作加工成形，到使用、废弃、进入埋藏等的过程中，其孔隙结构也会发生相应的变化。在这些变化过程中，孔隙的数量、分布、结构、形状、尺寸等参数也会改变，孔隙结构的变化会引起文物实体材料的吸附性能、力学性能、化学组成稳定性的变化，因此，文物实体孔隙结构的变化也是文物实体材料发生变化的主要形式之一。

最后是文物实体的化学组成等的变化。在环境因素作用下，组成文物实体材料的各种材质，其化学成分会发生变化，一般称为老化。一般情况下，无论环境条件怎样变化，材料本身始终存在老化反应，文物实体材料也不例外。而文物实体材料在漫长的历史过程中，其埋藏、保存环境中的温度、湿度、光照、臭氧、污染气体等因素，都会影响文物实体材料的老化，使文物实体材料发生不同程度和不同类型的腐蚀作用或者降解反应，文物实体材料会逐步转变为腐蚀、降解的产物。某些情况下，污染物也能与文物实体材料发生化学反应，使文物实体材料组成发生改变，如铁锈污染物常会促进有机质文物的炭化，被铁锈污染部位出现黑斑,且质地十分脆弱。伴生物也会随着不同的环境条件的改变而发生一定的转化,例如,金属矿物中的伴生元素被氧化等,这种变化也造成了文物实体材料化学组成成分的改变。从材料学角度来说,文物实体材料的化学组成成分变化也会引起文物实体的表观形貌、力学性能、结构性能等的改变。因此,文物实体材料的化学组成成分的改变,也是文物实体材料结构变化的主要形式之一。

6.1.3 文物材料与现代材料的区别

文物材料与现代材料有何区别?首先,它们有相同点。不论文物材料还是现代材料,都属于"材料",均是由分子、原子或离子构成的,能够发生各种物理、化学以及生物反应。文物实体材料与其他物质如酸性污染气体接触而产生的反应是材料发生腐蚀损毁的内部原因。其次,二者之间存在较大差异。与现代材料相比,文物材料存续时间长,大多有数百上千年的历史,经历了多种环境,如使用的环境、埋藏的环境、高温的环境(炊具)、高湿的环境(甚至水下环境)等,曾受到多种、复杂因素的作用,腐蚀降解严重,质地十分脆弱。而上述情况是现代材料很少遇到的。因此,文物材料出现的许多微观结构和表面的缺陷情况,在现代材料上是观察不到的,这正是文物保护领域研究的重点和关键点。

以现代材料学的角度来看,这样的文物材料已失去服役功能,属于"垃圾"或"废弃物"。但以文化遗产的视角来看,其仍具有文物价值,是研究人类社会活动和改造自然的重要实物史料。由此可知,文物材料与现代材料相比,文物材料具有性能差、成分复杂(污染成分多)、易损坏等特点,但含有历史、科学、艺术等方面的文物价值。而现代材料则性能良好稳定、纯度高、不易损坏。从某种意义上来说,文物材料的研究难度远大于现代材料。文物保护是为了通过保护文物材料最终实现保护文物历史人文信息的目的,而现代材料的保护则是为了保持材料的服役功能。由于文物材料与现代材料的差异,现代材料学往往不需要关注或忽视了当材料服役性能达到极限之后(已成为垃圾)的状态,而超期服役材料的性能变化规律正是文物保护研究最需要的,在此基础上建立的古代脆弱材料保护理论才能够指导文物保护实践工作,这也是文物材料学与现代材料学两种理论的不同之处。

6.2 文物实体材料系统的动态特征

6.2.1 文物本体材料系统与文物实体材料系统

古人生产的产品,经过时空变换和历史积淀后,成为具有历史、艺术和科学三大价值的重要实物史料——文物。从它成为文物的那一刻起,所呈现的状态即是文物本体状态,构成文物本体的所有物质组成了文物本体的材料系统,文物本体状态才是真真实实的文物原状,也就是说文物原状指的是古代产品转变成文物那个时间点的状态。绝大多数古代产品转变成文物的过程发生在几百或几千年前,由于我们观察不到这种转变,因此无法知晓文物原状到底是怎样的。

由于文物本体的材料系统是一个开放体系,与环境存在物质交换与能量交换,只要有成分变化,文物本体的材料系统亦会随之发生改变。一旦变化发生,此时文物本体就转变为了文物实体,这时候的材料系统是"文物实体材料系统"而不是"文物本体材料系统"。从理论上讲,文物本体的材料系统和状态都是唯一的,只有一种。而文物实体的材料系统(成分可能不变,但含量不断改变)和状态却有无数多个,而且是不断变化的,这就是文物实体材料系统的动态特征。例如,在古代青铜器存续过程中,其组成成分青铜可能始终存在,但随着腐蚀反应的不断发生,青铜所占比例(或含量)也随之发生变化。

从以上所述可知,文物本体材料系统是特殊状态下的文物实体材料系统,是文物实体初始状态时所有组成成分构成的材料系统。

6.2.2 文物实体材料系统变化的原因

文物实体材料系统变化的原因有三个方面:一是环境中物质进入文物实体;二是文物实体内的物质脱离文物实体,进入环境;三是文物实体组成材料的腐蚀降解导致组成成分的变化。总之文物实体材料系统的动态特征用围绕文物实体的十二个字形容,即"有进有出,腐蚀降解,变化不断"。

1. 外界物质进入文物实体

影响地下埋藏文物保存状况的因素主要有含氧量、温度、水分、土壤酸碱度等。而影响馆藏文物保存的环境因素主要是馆库的温度、湿度、光照、空气状态、昆虫、微生物等。当文物的表面接触到外界环境时,环境中的各种影响因素就会通过文物的表面进入文物实体材料的内部,与文物实体材料发生物质与能量的交换,从而影响文物实体材料的结构、组成成分,或是生成新的物质,使得文物实体材料系统的状态发生改变。

以纸质文物为例,这类文物是由大量细小的天然植物纤维制成的,如藤、草、麻、棉、各种树皮等的纤维,主要成分为纤维素、半纤维素和木质素。当保存环境湿度较大时,空气中的水分与纸张表面接触,借助其表面张力和纸张纤维结构的不紧密性,通过毛细作用沿纸张的细小缝隙运动,进入纸质文物本体材料,从而引发纤维素的水解,生成水解纤维素。相对未水解的纤维素来说,水解纤维素的聚合度小、机械强度弱,因此纸张实体材料系统呈现出脆弱的状态。保存环境中未经净化的空气中可能含有有害的酸性气体,当这些气体与纸张表面接触时,伴随着大气压力的变化,有害气体在压力差形成的动力下,通过纸张的多孔结构不断向纸质文物本体材料内部扩散、渗透[2]。而酸性有害气体会和潮湿纸质文物中的水分化合或溶解于水中,生成新的产物,即酸性物质,使得文物实体材料系统发生改变,导致纸张酸化,从而引发纸质发黄、变脆,甚至糟朽[3]。

2. 文物实体物质析出

当受到外界环境的影响或文物的保存环境发生改变时,文物实体材料内的物质便会脱离文物实体,进入外界环境中,从而改变文物实体材料的组成成分(或成分的含量),由此使得文物实体材料系统发生改变。这些脱离文物实体的物质,可以是文物本体材料中所含有的物质,也可以是经由外界环境进入文物实体的物质,亦可以是外界环境要素与文物的组成材料交换后,产生的新物质。

以出土饱水木漆器为例,潮湿墓葬环境出土的木漆器,常常呈现饱水的状态,即漆器胎体的组织结构内饱含水分。这是由于当器物被埋藏在含水土层中时,地下水侵入文物实体材料内部,不仅使得其木材含有的水分达到纤维饱和点,而且游离水也达到最大含水状态。然而,当饱水木漆器出土后,暴露在自然环境中,文物实体材料中的水分又会急剧丧失,脱离文物实体并散发到外界环境中,这种自然干燥通常会造成文物出现收缩、变形和开裂等破坏性病害,同时也会改变文物实体材料系统的状态(见图6.1)。

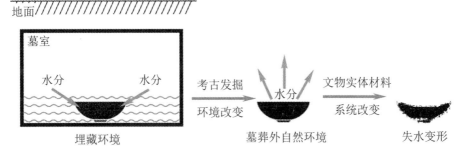

图 6.1　木漆器失水

3. 文物实体材料腐蚀降解

文物实体都是由各种不同性能的材料组成的,受这些材料自身理化性质的限制,在岁月沉淀的过程中,受外界环境的影响,或多或少会出现各种老化、腐蚀、降解的情况,因而会导致文物实体材料的组成成分发生变化。

6.2.3　文物实体材料系统的动态特征的现实意义

研究文物实体材料系统的动态特征对文物分析、文物价值挖掘、文物保护实践以及文物保护学科发展规律探索,均具有重要现实意义。

首先,研究文物实体材料系统的动态特征有助于厘清文物保护中的基本概念。文物实体材料系统涉及文物本体与文物实体、文物实体中的伴生物、文物实体材料系统等文物保护基本概念。迄今为止,文物保护领域仍未重视文物保护学科中的基本概念,常出现多个概念混淆、自说自话的情况。有些概念似乎大家都知道,但经不起仔细推敲,原因是其概念并非严格的科学定义,缺乏科学性。文物保护要成为一门学科,概念必须正确、科学。

其次,研究文物实体材料系统的动态特征是文物保护材料学的需要。保护文物实体必须了解文物实体的材料系统以及文物实体材料系统的组成和特征。文物实体的材料系统是一个开放体系,与外界环境时刻发生着物质和能量交换,这是一个自发过程。交换的目的是使文物实体处于一种平衡、稳定状态,当交换达到平衡时,文物实体通常处于稳定状态。文物实体平衡稳定与否与文物实体的病害发生和受到抑制有关。加深对文物实体材料系统的理解,有利于开展文物的病害机理的分析和保护材料的研发工作,能为制定相应的保护技术路线提供支撑。

再次,研究文物实体材料系统的动态特征是挖掘文物价值的需要。文物实体材料系统包含着丰富的文物价值信息,涉及文物的制作工艺、文物使用功能、文物埋藏环境、文物损毁机制等。这些价值信息有助于考古、文物保护、古地理和古环境等领域的学术研究。以出土时装有某种物质的青铜容器为例,青铜器与其内容物共同构成了文物实体的材料系统,青铜器的金相结构(文物本体材料系统)代表了当时社会的青铜制作工艺水平,内容物研究有可能会揭示青铜器的使用功能,青铜器锈蚀物与埋藏环境密切相关,通过对青铜器和锈蚀物成分分析,以及与埋藏环境之间的关系研究,有助于厘清该青铜器的腐蚀机理,其研究结果能够为开展保护工作提供依据。

最后,研究文物实体材料系统的动态特征有利于形成多角度文物保护视野。文物保护研究需要从不同角度观察和分析问题,尤其需要提升观察问题的广度、高度和深度,擅于发现别人没有发现的问题,透过现象看到问题的本质。文物实体材料系统概念的建立有利于理解各材料之间的关系,加深对主要问题和主要矛盾的认识,提高文物保护科研水平。

用文物实体质点模型的观点分析文物实体材料系统,不难发现,文物实体材料系统的动态特征是文物实体质点的运动(参见《文物保护基础理论》第一章第二节)。这些质点运动与特定的时空相关,有的运动是人为因素造成的,如保护修复等过程;而有的运动则是自然因素引发的,如水分、温度和污染气体等对文物实体的腐蚀等。所有文物实体质点的改变或位移,都可能引起文物实体组成物质种类、含量或分子聚集状态的变化,从而使文物实体材料系统发生改变。

6.3 文物实体材料中的伴生关系及伴生物

文物实体材料中存在多种伴生关系及伴生物,有些与原材料有关,有的与文物实体制作或加工工艺有关,还有的与赋存环境有关,如常见瓷器中的微量元素、颜料与胶料、桐油与催干剂土籽(MnO_2)和密陀僧(PbO)、铜与铜锈等。

大多数伴生物具有特征性或标识意义,通过对伴生物的研究能够获得文物实体的产地或特殊工艺的相关信息。

6.3.1 伴生物的定义

由于原材料本身携带或加工制作过程中引入等原因,在文物实体中时常出现若某一特定物质存在,则另一种或几种物质必定存在的伴生现象,这些伴生的物质被称为伴生物。

伴生物是一个宽泛的概念,既包括文物本体在制作、加工中由于技术的局限性引入的必需(用于改善材料性能)和非必需(技术上无法去除)物质,也包括文物实体在埋藏、保存过程中,因环境中存在的伴随物质和污染物的介入而引发的腐蚀、降解过程中产生的共存物。这些物质本身可能对文物实体没有损害,却是在文物实体产生、存续中伴随产生和存在的物质,大多数伴生物具有特征性或标识意义,通过对伴生物的研究能够得到文物实体的产地或特殊工艺的信息。这是科技考古等专业研究的重要依据之一。

6.3.2 伴生物的分类

从文物实体制作原材料、加工工艺、腐蚀降解以及赋存环境几方面,可以将文物实体中的伴生物分成以下几类:

(1)文物实体原材料中的原生伴生物,这种伴生物是文物实体材料的原生材料所含有的伴生物,这些原生伴生物对文物实体基本无害或危害程度较低,有的反而有益。例如,多种矿物的伴生矿种、制作陶瓷器的原材料黏土矿物中的非黏土矿物等,属非人为添加物。

(2)文物实体在加工和制作过程中,由于提纯、提炼工艺的限制,存在很多非必要成分,这些成分并不影响文物实体的成形和加工,这部分材料也是伴生物中的重要一类。古代植物染料染色,由于提纯技术较差,上色染料通常是多种成分的混合物,而不是所需染色成分的单一上染。例如,在辽宁省法库叶茂台辽墓出土的丝织品的染料鉴定中,虽然未发现苏木染料的主要色素成分——氧化巴西木素的踪迹,但是工作人员通过质谱指纹分析法获得了苏木中其他上染成分的信息,根据这些成分的信息成功确认了该样品的染料为苏木[4]。

（3）文物实体在埋藏过程中受到环境等条件的影响，自身材料在腐蚀、降解过程中，引入了与环境相关的伴生物。这种存在于文物实体埋藏环境或者保存环境中的伴生物质，有的参与了腐蚀、降解反应，有的没有参与。例如，出土玉器上的沁色物质以及其他类文物上的包浆等，引入的是不参与化学反应的物质（见图6.2）。

图6.2　玉器的沁色与包浆[5,6]

（4）腐蚀或降解反应产生的附属产物，是伴随腐蚀或者降解反应而产生的物质，属腐蚀降解的伴生物。例如，青铜器腐蚀产生的无害锈，就是一种矿物，其本身对文物实体无害，而青铜器完全矿化时却可能成为文物实体的结构材料，并维持着文物实体的基本形状。前文提到了这种伴生物质的转化现象，普遍存在于多种材质的文物中。腐蚀或者降解作用会使文物实体的本体材料减少，同时，由于这种伴生物质本身比较稳定，与文物实体的本体材料不发生后续的反应，从而随着文物实体的腐蚀或者降解作用的持续发生，伴生物质逐步成为构成文物实体材料的一部分，最后直至文物实体的本体材料成分消失，全部转化为伴生物质，这就是伴生物质的转化和替代。特征标识物研究利用的就是伴生关系。

6.4　文物实体材料劣化

6.4.1　文物实体材料的稳定性

通常文物实体在保管、展陈和运输过程中会发生文物实体材料腐蚀、变形、变色等情况。若短时间内出现明显变化,就可以认为文物实体材料不稳定。例如,感染了青铜病的青铜器,当温度、湿度适宜时,文物表面会很快出现淡绿色斑点,部分青铜合金转变为羟基氯化亚铜,因此部分材质性能、外观形貌均在短时间内发生了显著变化,所以可以说感染了青铜病的青铜器是不稳定的,即稳定性差。

研究文物实体材料具有什么性质或性能会发生什么改变是制定评估文物实体材料稳定性指标的基础;了解为什么会变化是研究如何保持文物实体材料稳定性的重要途径;清楚文物实体材料具有什么性质或性质不能变是为了实现文物实体稳定的主要目标。

文物保护作为一门科学,对文物实体材料的稳定性也应赋予严格的科学定义,用于指导文物保护的科学研究和工作实践。文物实体稳定性的定义应为:在日常保存条件下,文物实体材料长时间受环境因素作用仍能够保持其材质性质、力学性能以及外观形貌不变的能力。之所以强调"日常"保存条件,是因为各地区的博物馆(或文博单位)的保存环境是有差异的,例如,新疆和安徽,前者气候环境偏干偏寒,而后者气候属于高温高湿。不论哪一种环境条件,文物实体只要能够保持材质性质、力学性能,以及外观形貌长期不变,就可以说文物实体稳定。

6.4.2 文物实体材料的稳定性系统

前已述及,文物实体材料的稳定性是一个庞大且杂乱的系统,文物实体材料稳定性体系有三个常见的子系统,分别为化学稳定性、物理稳定性、生物稳定性。化学稳定性是指在日常保存条件下,文物实体材料面对环境中的常见化学物质时的稳定性,如酸性气体、氧气、水分,这些化学物质是文物实体材料在保存过程中无法避免接触的,如果文物实体材料接触了这些物质,且在较短时间内发生物理形变以及外观形貌变化,则认为该文物实体材料化学稳定性较差。物理稳定性是指在日常保存条件下,文物实体材料面对环境中的常见物理因素时的稳定性,如热能(温度)、光、力、湿度,这些物理因素是文物实体在保存过程中无法避免接触的,若在较短时间内文物实体材料发生物理形变以及外观形貌变化,则可认为该文物实体材料物理稳定性较差。同样,生物稳定性是指在日常保存条件下,文物实体材料面对环境中的常见生物(一般是微生物)时的稳定性,如霉菌和细菌,这些微生物是文物实体在保存过程中无法避免接触的,如果文物实体材料接触这些物质,且在较短时间内发生物理形变以及外观形貌变化,则可认为该文物实体材料生物稳定性较差。如果文物实体与上述环境中的化学物质、物理因素和生物质接触,未发生文物实体材料的物理形变以及外观形貌变化,则可认为文物实体材料的稳定性好。

由此可见文物实体材料的稳定性应该是一个多指标表征的综合体系,有可能涉及数十上百个影响因素,每一个影响因素都是一个指标。那么,选取指标的原则是什么?如何选取指标?这些需根据文物种类、所处区域环境条件来定,不能一概而论。以有机质文物为例,其生物稳定性可以考虑文物所处环境中的主要霉菌和细菌(如优势种群、主要危害微生物),但不能也不可能把所有霉菌和细菌影响都考虑在内。

研究文物实体材料稳定性有何重要意义?一是文物保护工作者应该对文物实体材料稳定性有比较清晰的概念,了解文物实体材料稳定性的科学内涵;二是在理解文物实体材料稳定性科学内涵的基础上,掌握研究文物实体材料稳定性的科学方法;三是通过对文物实体材料稳定性科学内涵的理解和研究文物实体材料稳定性科学方法的掌握,研究制定与具体文物实体材料相关的稳定性指标,应用于文物实体材料稳定性评估及文物的预防性保护,使文物实体材料在保存、展示以及运输过程中得到有效保护。

6.4.3 文物实体材料劣化

众所周知,绝大多数文物都是由一种以上的物质组成的混合物,主要包括金属物质、矿物质或有机高分子材料等。文物实体历经数百上千年,从产生到消亡的过程中会发生各种各样的变化,金属器易受氧化产生锈蚀,玉石类文物会发生风化,有机质类文物易生虫长霉、老化劣化等。随着时间的推移,任何文物实体材料都在不断的劣化过程中,但是当文物实体材料稳定性变差或者失去稳定性时,文物实体材料的劣化会加速发生。

文物在形成的时候,每种文物实体的质点是确定的,由于原材料的选择、提炼、加工制作工艺等过程受技术水平的限制,文物实体在制作之初本身也会存在缺陷,即文物实体的原生性缺陷。这些缺陷是原生性的,在使用或者埋藏过程中,这种缺陷会表现出来,使得文物实体作为实用器时出现损坏现象,或者引发其他病害。例如,结构不稳造成的断裂、内部缺陷造成的热应力集中等,这些原生缺陷也可能成为文物实体材料进一步损毁并产生病害的原因。

随着时间的推移,文物实体在外界环境的影响下,会发生氧化、降解、老化等反应,其自身成分也会发生改变,具体表现在文物实体质点的位置和性质发生了改变,本质上是文物实体的质点出现了位移运动和改变(发生了化学反应)。

文物实体质点受周围质点的束缚力不平衡时,质点会向受力大的方向移动,产生位移。当质点改变数量较多时,质点会出现较大位移,文物实体就会从稳定状态变为不稳定状态,当大量质点脱离原位置时,文物实体会产生裂隙、微孔、残破、粉化等病害。

文物实体质点的改变,通常是因为发生了化学反应,形成了新物质,造成了文物实体颜色、材料性能等宏观性质变化,如金属材料的氧化、丝织品的降解、微生物存在下的各种生物降解作用等。

如果能量足够大,文物实体质点位移的运动趋于极限状态时,质点就能够挣脱周围质点的束缚,脱离文物本体进入环境,使文物实体最终从有形变为无形,发生损毁。

当文物实体被发掘出土后,会产生新的物相,主要包括旧的物相变化后的产物以及吸附的污染物形成的质点,这些质点占据了原有物相的位置或者扩展到新的位置,宏观表象为文物实体的外貌色泽、质量等发生了变化。

文物实体材料的组成既包含文物本体材料,也包含在其制作加工、使用和埋藏以及后续的保护和修复中参与到文物本体中的各种物质,这些材料结合在一起,组成了我们今天所见到的文物实体。组成文物实体的所有材料一直发生着腐蚀、降解等化学反应,所以文物实体材料的劣化是一个不断变化的过程。

6.5 文物实体材料表界面研究

6.5.1 文物实体材料表界面定义

"表面"是物体与空气接触的面,"界面"是与其他物质接触的面,二者合称

"表界面"。文物实体也存在"表界面",文物实体表界面是指文物实体表面与空气相或其他物质相接触,由两相相互之间扩散渗透形成的很薄的分子层。文物实体表界面包括孔隙内外表面和孔隙内外界面层,以及文物实体组成材料中不同相、物质之间的界面等。文物实体组成材料包括本体材料、腐蚀降解产物、伴生物、污染物和水。因此,文物实体材料的界面是指以上五种材料与其他材料接触,在两种材料之间形成的表界面。表界面是由一个相到另一个相的过渡区域。一般来说,气-液、气-固边界称为表面,液-液、液-固、固-固称为界面。

6.5.2 文物实体材料表界面研究的重要性

首先,从文物病害角度来看,文物病害主要有污染、腐蚀、降解等。每一类病害发生过程大致有以下步骤:开始是外来质点(如氧气、酸性气体、水分子等)先在文物实体表面附着(吸附),继而通过表面孔隙向文物实体内部渗透,然后外来质点与文物实体质点发生化学反应,最终发生腐蚀降解反应,并不断向文物实体内部发展,使文物实体完全损毁。

对文物实体来说,与外在物质能量的交换首先通过表界面进行,吸收外界能量将导致文物实体材料老化,因此研究文物实体表界面非常重要。由于表面与外在环境直接接触,表面的老化状况可反映文物实体的病害情况。此外,文物实体老化降解过程中产生的小分子等降解产物可能会由内部向表面迁移,故检测表面的小分子种类及浓度也可对文物实体老化状况进行评估。

一般来说,固体颗粒越小,分散程度越高,接触面积越大,表面能也就越大,从而固体颗粒对其他物质的黏附强度就越大,黏附效应也比较明显。所以老化越严重的文物,其粉化程度越高,即文物实体材料越倾向于碎成细小颗粒,增强对污染物的吸附能力,促进文物实体的进一步劣化。因此,从文物实体材料表界面黏附污染物的程度上来说,黏附的污染物越多,文物实体的老化、病害越严重。如果固体较软或在一定的外力下易于变形,就会引起接触面积的增加,从而提高黏附强度。因此,文物实体因劣化导致强度下降、发生形变,也会使得文物实体材料易黏附更多的物质。

虽然界面反应只发生在薄薄的一层分子层上,但严重的界面反应能够促使腐蚀降解化学反应向文物实体内部深入,逐渐腐蚀文物实体材料,使得文物实体材料转变为腐蚀降解产物。例如,青铜器文物的腐蚀首先是在青铜器与空气接触的表面,当有水和酸性物质参与时,界面处发生电化学腐蚀,电化学反应逐渐向文物实体内部迁移,造成青铜器的完全矿化,力学强度大大下降(见图6.3)。

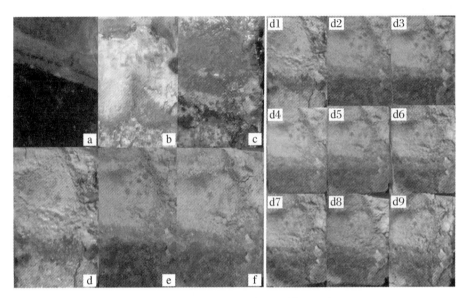

图6.3 青铜样品电化学腐蚀模拟实验

水与文物实体材料形成的界面,往往是两种物质接触并进行化学反应的场所。例如,石质文物一旦表面吸湿后,会形成含水界面,空气中的酸性气体通过气流扩散到含水界面上,在水中溶解形成酸性溶液,其后以扩散的方式到达水与文物实体材料接触的界面处,并在薄薄的界面上与石质文物的本体材料(如碳酸盐类)发生化学反应,导致石质文物发生表面溶蚀或风化。当然,外来质点也有可能未与文物实体质点发生化学反应,那么这种情况就属于简单污染。

其次,从文物保护的角度来看,其保护材料作用过程与文物实体病害发生的情况相同,只不过产生的结果相反,前者往往是向对文物实体有害(损害)的方向发展,而后者是向对文物实体有利(保存)的方向进行。

综上所述,文物病害发生机理和文物保护研究均涉及文物实体表界面,对文物实体表界面研究对文物保护材料研发、工艺筛选有着重要指导意义。例如,清洗是文物保护常需完成的工作之一,对文物实体进行清洗之前需要知道污染物是如何与文物实体表面结合的,然后采用相应方法破坏这种结合,使污染物脱离文物实体。加固处理对脆弱的文物实体至关重要,加固材料与文物实体接触时首先在文物实体表面浸润,然后通过表面微孔隙和孔隙进入文物实体,通过对微裂隙的黏结,实现加固目的。封护能够隔绝外部有害物(或有害因素)与文物实体接触,防止文物实体受侵害。封护过程就是在文物实体表面上涂层,如果选择的封护材料对文物实体表面适应性不好,封护层结合不牢,则封护效果难以达到预期目标。

不难发现文物实体表面性能,如吸附能力、表面张力、微裂隙等参数,是支撑文物病害研究、文物保护材料研发的重要基础。

文物实体表面较一般材料而言,最大特点是具有不均匀性,不均匀性包括表面物质组成不均匀、微裂隙多且分布不均匀,因而有一定研究难度。

迄今为止,文物保护的研究点主要集中在文物实体和保护材料,但对文物实体与保护材料所形成的界面关注度严重不足。文物实体与保护材料形成的表界面研究同样非常重要,而且从某种程度上来说,比单纯文物实体和保护材料的研究更重要。因而,此种现状亟待得到改善。

6.5.3 文物实体材料表界面的特点

从材料学角度分析,文物实体材料表界面具有以下几个特点。

1. **表界面情况复杂**

文物实体材料表界面的复杂性是由以下几个原因造成的:

(1) 文物实体材料成分和相结构的复杂性。一是表界面形貌不平整,现代材料界面层的上下界面比较平整(界面清晰),而文物实体材料会由于材料的老化程度不均一、表面腐蚀深度不同,呈凹凸不平状态,形成的界面上下边界不平整、界面模糊。二是文物实体材料界面层中多个界面并存,通常情况下,文物实体材料相组成是不均匀的,其表现形式为"宏观上不分离,微观上非均相",以及"宏观上分离,微观上非均相"。简单地说,就是文物实体材料有两种情况,一种是看上去是一个整体,但从微观上观察,却是一种非均相的结构;另一种是看上去就不均匀,微观上也是非均相的。由于文物实体表面为多种材料并存,因此形成的是多种材料的表界面。例如,文物实体中的本体材料与污染物,本体材料与降解产物,本体材料与水之间都有可能形成界面,文物实体表面材料成分复杂,当表面吸附各种污染物后,污染物与文物实体形成的界面种类较多,导致文物实体界面种类繁多、情况复杂。三是晶界复杂,金属文物常存在另一种界面——晶界,如古代青铜器有很多晶相,晶相之间都有边界,所以有很多晶界,晶界也是文物实体材料界面的一种。由此可见,文物实体上的界面种类多且结构非常复杂。由于文物实体界面具有复杂性,以及界面区相对于整体材料所占比重甚微,欲单独对某一界面性能进行度量非常困难,这就使得研究工作难以深入。

(2) 文物实体表面结构的复杂性。用X射线光电子能谱技术(XPS)分析文物表面化学组成,发现是一些氧化物、氯化物,这些腐蚀表层是在地下埋藏上千年的环境下形成的。其结构松散,孔隙分布广,对水、气都具有吸附作用。一旦文物实体出土,腐蚀层暴露在大气环境下,空气中的氧气、二氧化碳、水、二氧化硫、氮氧化合物等都在表面有强附着作用,那么表面不仅存在电化学腐蚀,而且还会发生化学腐蚀和光化学腐蚀。从以上分析可知,文物实体腐蚀取决于两方面因素,即文物实体材料自身的特性和文物实体所处的环境。

文物能否保存下来,在某种程度上取决于它的抗腐蚀性及所处的环境。环境中有众多影响文物实体腐蚀的因素,如温度、湿度、气体、酸、碱、盐、有机物、光、微生物等,腐蚀的产生往往是各种环境因素并存时产生的协同效应。

由于多种腐蚀机理并存,以及文物实体表面不平、多孔,且化学环境(剩余化学键)复杂,所以文物实体界面形貌和结合(力)情况亦十分复杂。

2. 文物实体的界面脆性

文物实体界面反应结果一般会形成脆性物质。一方面,这类脆性物质的强度远远低于文物实体强度,因而分布在文物实体材料中(各组成材料、各种晶体)的脆性界面层会导致文物实体材料发生断裂,即一系列文物的病害,威胁到文物实体安全;另一方面,界面层的脆性物质与文物实体材料组成结构相比发生了变化,导致界面层分子间的作用力,包括可能的范德华力、金属键、氢键等,与文物实体材料之间的相互作用大大减弱,从而使文物实体发生断裂和脱落。文物实体表面常会出现脱落现象,主要是因为文物实体具有脆性表界。

6.6 文物保护材料的"服役"与"失效"

6.6.1 文物保护材料

用于保护文物的材料叫文物保护材料。这类材料包括在文物的清洗、加固、封护、防变色、防腐、防降解等过程中直接在文物实体上使用的各种材料,也包括吸湿剂、气相防霉防虫剂等间接用于文物实体的材料。针对不同质地的文物在保护修复的不同阶段会使用不同种类的材料。不同种类或者说不同质地的文物会发生不同类型的病害,相应的,就存在用于不同病害治理的文物保护材料。例如,砖石质文物面临的问题是其大多暴露于室外,长期受日晒雨淋的影响易产生风化酥粉、断裂等病害,针对砖石质文物的保护材料大多应用于表面污染物的清洗、加固和封护方面(见图 6.4);金属文物病害多为有害锈蚀和破损断裂等,因此用于金属文物的保护材料多为除锈材料、补配材料、黏结加固材料和封护材料等[7]。文物保护材料与文物实体材料一样,并不是由单一组分组成的,往往需要通过多种材料的复配,以增强保护效能。一般情况下,文物实体材料的复杂性决定着文物保护材料的复杂性。

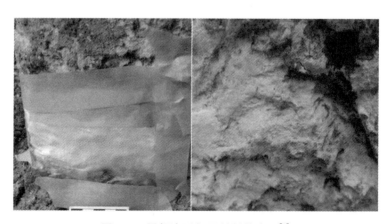

图 6.4　局部渗透加固材料的应用[8]

6.6.2 文物保护材料的服役

将文物保护材料施加在文物实体上,对文物进行保护,这种保护作用就是文物保护材料的服役行为。材料的服役行为是材料科学与工程的重要组成部分,也是文物保护材料失效研究的关键科学问题,其主要研究内容为服役环境中文物保护材料的损伤机理、损伤动力学过程,以及保护文物的安全性评价、服役寿命和研发延长保护材料服役寿命的措施等。

一般而言,材料的服役性能是指材料在服役环境,如温度、湿度、振动及其他介质和服役条件,如停放条件、维护条件、贮存条件下,所要求的实现某种预定目的或者规定用途的使用性能,比较常用而且相对重要的服役性能包括耐腐蚀性能、耐磨损性能等[9]。

在文物保护材料评价研究中,常常涉及"文物保护材料失效"这一概念,但是实际上,"文物保护材料失效"这种表述方式并不严谨。文物保护材料失效通常包括三种情况:一是材料完全破坏,已无服役性能;二是虽未完全破坏,但服役性能很低,已保护不了文物;三是保护材料的服役性能虽然继续存在(受破坏情况并不严重),但已不能令人满意地起到预定的作用。只要发生上述三种情况中的任何一种,就可以认为保护材料已经失效[10]。

脱离具体的保护实际谈文物保护材料失效问题,是没有意义的。举例来说,B72用于壁画保护与用于青铜器封护,其服役行为和服役寿命是不同的。这就是为什么说"文物保护材料失效"这说法有问题的关键所在。在前面的例子中,B72保护材料失效涉及三个问题,单纯的B72放置多长时间失效?用于壁画保护服役寿命多长?用于青铜器封护服役寿命多长?这三个是不同的问题,所以研究"B72材料失效"时,其究竟指的是哪一种情况,需要明确说明。此外,文物保护材料一旦施加在文物实体上,与文物实体组成了混合物或复合物,具有了新的性质或性能,按材料学的观点,它就已不是原来的文物保护材料。此时所谈论的失效问题,本质上是指由于文物保护材料与文物实体组成的混合物或复合物的性能发生变化,对维持文物实体稳定性的作用降低直至无效。通常认为文物保护材料失效是指原施加在文物实体上的保护材料已失去了保护文物实体的功能。要研究文物保护材料失效问题,还应该说明是用在哪一类文物上,以及采用的是何种工艺,否则研究工作无法进行。此外,文物保护材料有的是长期作用于文物实体,有的是短时间内作用于文物实体。对于清洗这类短时间作用于文物实体的材料,我们通常考虑的是失效问题(实际上是材料变质),而对于长期作用于文物实体的材料,则谈论较多的是材料的服役寿命。

通常情况下,材料服役寿命是指材料服役性能日历寿命,材料服役性能日历寿命的时间跨度是从材料开始服役到失效或规定报废为止之间的日历持续时间[11]。而文物保护材料的服役寿命,主要着眼点为服役环境下与日历时间相关的环境损伤,当环境损伤累积至特定的临界值时则寿命终结。

6.6.3 文物保护材料失效

研究文物保护材料失效需厘清两个问题:一是文物保护材料为什么会失效?二是如何评价文物保护材料失效。

理论上文物保护材料自使用的那一刻起就一直在逐渐失效(改变性能的反应一直在发生),但在一定时期内仍具有保护作用。理论上的文物保护材料失效是一个过程,失效点有无限多个,究竟哪一个点表示保护材料一点保护作用都没有了?即失效阈值或服役寿命终结点是什么?这里失效阈值的概念是指达到失效阈值的保护材料已完全失去了保护文物实体的能力,亦即完全失效,若加固过的文物又回到了加固前情况,此时可以认为原保护加固材料已完全失效。因此可见,失效阈值或服役寿命终结点是无限个失效"点"中的一个,这个"点"需要研究并给出确切的定义。

文物保护材料失效的研究方法主要有两种:一是单纯研究保护材料(纯保护材料)的失效时间,二是模拟施加在文物实体上的保护材料服役寿命。对单纯文物保护材料而言,没有施加在文物实体上的失效,主要是材料变质,即发生了化学反应,使一种物质转变成了另一种物质,也就是已不是原来的材料。文物保护材料服役寿命研究,需要结合环境条件,研究其损伤机制和损伤动力学,以及服役环境与保护性能之间的关系。需要强调的是文物保护材料失效机制研究,离不开文物保护材料保护作用机理的研究,后者是支撑前者的研究基础。

当然,研究文物保护材料不但要考虑失效问题,还要研究失效后对文物实体有没有副作用,即建立文物保护材料服役安全评价体系,这样才能更好了解文物保护材料有效和失效背后的科学原理。保护修复材料失败后会产生变色等现象,如图 6.5 所示。

图 6.5 修复材料失效导致的变色、眩光和起翘[12,13]

参 考 文 献

[1] 杨光华.建筑工程材料[M].重庆:重庆大学出版社,2004.
[2] 乔晓秋.纸张酸性来源与档案保护[J].吉林师范大学学报(自然科学版),2003(1):113-114.
[3] 龚钰轩.文物保护概论[M].合肥:中国科学技术大学出版社,2020.
[4] 柏小剑.潮湿墓葬环境出土丝织品的植物染料鉴定技术研究[D].合肥:中国科学技术大学,2014.
[5] 西周 白玉沁色双龙璜[EB/OL].[2023-02-09]. https://auction.artron.net/paimai-art5182810865/.
[6] 识古玉看包浆[EB/OL].[2023-02-09]. https://baijiahao.baidu.com/s?id=1693216577233740494.
[7] 马江丽,李斌.中国文物保护材料专利综论[J].客家文博,2019(3):9-15.
[8] http://www.chem.zju.edu.cn/bkydww/2021/0317/c44582a2268774/page.psp.
[9] 杨瑞成,丁旭,陈奎.材料科学与材料世界[M].北京:化学工业出版社,2005.
[10] 张福泽.金属机件腐蚀损伤日历寿命的计算模型和确定方法[J].航空学报,1990(1):76-80.
[11] 王彬.材料服役性能预测系统研究与实现[M].兰州:兰州大学,2009.
[12] 贺翔.彩绘文物次生病害与典型保护材料失效机理研究[D].杭州:浙江大学,2019.
[13] 成倩,赵丹丹,郭宏.早期失效保护修复材料对壁画的影响[J].文物保护与考古科学,2013(2):6.

第 7 章 论文物保护修复技术

文物保护修复技术是一门综合性的专业技术,包括文物制作、保护以及与文物实体病害防治有关的科学技术、材料性能、操作工艺和各种勘察、检测等专业知识。7.1 节将从文物保护的三大目标开始论述,进而阐述文物保护修复技术对于文物的重要性。7.2 节则介绍文物保护的三大目标,以泗阳汉墓的考古发掘现场为例,阐述现场保护的重要理念与实践,并分析制约现场文物保护工作发展的两大难点。7.3 节将就绪论中出现的文物修复这一专业术语做更为详细的解释,对文物修复中的"修"和"复"的关系做进一步论述。7.4 节是以实际案例说明对文物中的"自然现象"进行修复时,采取的具体对策建议和研究思路。7.5 节用于说明在文物保护的实验当中,可重复性的重要性所在。7.6 节是以传统文物修复技艺、书画揭裱修复和旧裱之间的关系来阐述文物保护修复理念与技术运用的重要性。

7.1 文物保护三大目标

为了使文物得到更好地保护和传承,需要对有病害的文物进行治理,对严重残破的文物进行修复,上述文物保护修复工作目的是挖掘文物价值,使沉寂的文物活起来。那么如何才能让文物活起来呢?笔者认为可以从以下几个方面入手:第一是提升文物价值的认知水平,尽可能最大限度地挖掘文物价值;第二是提升文物展陈能力,使挖掘出的文物价值能够得到充分展示;第三是提升文物保护技术水平,通过文物保护技术的实施,使文物实体得到科学保护,文物实体寿命得以延长,文化内涵能够长期传承。

上述让文物"活起来"的三个方面,文物实体得到科学保护是前提,如果文物实体不存在了,挖掘文物价值、展示文物价值就成为了空话。那么,要让文物活起来,文物保护工作该怎样做?笔者认为文物保护的主要目标有三个,或称"文物保护三大目标",实现了这三大保护目标能够使文物得到更好的传承和价值展示。

7.1.1 保证文物实体的稳定

目标一,任何情况下,或任一种环境中,都必须保证文物实体的稳定(关于文物实体稳定的科学原理、重要性已在本书前面部分进行了论述)。反对和尽可能杜绝任何破坏文物实体稳定的技术和方法在文物实体上应用。文物实体材料历经千百年腐蚀、降解,大多出现严重病害。所以,必须通过文物保护技术的实施,使病害得到治理,腐蚀、降解反应得到遏制,保持文物实体处于稳定状态。保护文物不是追求增加文物实体强度,而是使文物实体状态长期稳定。文物实体状态稳定意味着文物实体不会出现较大变化,病害发展缓慢,或无新的病害发生。某些情况下,如已完全矿化的青铜器,因强度极低需要进行加固,加固处理后的状态也必须是一个稳定状态。也就是说经保护处理过的文物,必须达到稳定状态,这样的保护工作才是正确的,才满足了文物实体状态稳定的要求。

一般意义上的"稳定性"一词有着严格的科学定义,在自然科学领域材料的稳定性是指"测量仪器保持其计量特性随时间恒定的能力"[1],也就是说稳定性是指测量仪器的计量特性随时间不变化的能力。若稳定性不是就时间而言的,而是就其他量而言的,则应该明确说明。材料学领域的材料稳定性是1993年经全国科学技术名词审定委员会审定发布的,研究内容多从能量角度考虑,可参考相关研究论文。一般情况下,稳定性主要是确定计量特性随时间变化的关系,是可以进行定量表征的。需要强调的是计量表征的只是现象,而不是稳定性的本质,研究人员可以通过计量表征认识稳定性与影响稳定性因素的内在联系。

文物实体的稳定性与哪些因素有关？首先应明晰文物实体的哪些性质或性能会变或者说不稳定的性质或性能是哪些？这些性质或性能为什么会变（指的是稳定性与影响因素之间的内在作用）？哪些性质或性能不能变（明确文物实体稳定性目标或要求）？研究文物实体什么性质或性能会变是制定评估文物实体稳定性指标体系的基础；了解文物实体稳定性为什么会变，是研究如何保持文物实体稳定性的重要途径；弄清楚文物实体什么性质或性能不能变是为了实现文物实体稳定的主要目标。时间因素是文物实体稳定性判定的依据之一，文物实体性质或性能只有长期不变才是稳定的，但"长期"具体是多长时间，是十年、二十年抑或是更长时间，这有待文物保护专家讨论形成共识，本书不作讨论。

7.1.2　保证文物的真实性

目标二，保证文物的真实性。真实性原则是文物保护最基本和最首要的原则，决定着文物保护工作的成功与否。《实施〈世界遗产公约〉操作指南》中强调了"真实性是检验世界文化遗产最重要的一条标准"，在文物保护工作中坚持真实性原则，就是在面对不同历史时代、不同修复材料和对象、不同破坏程度的文物时，都应保证在充分调研和考察的基础之上，形成科学的保护方案，然后实施保护，最大限度地使文物信息真实、全面、完整地呈现和传承下去[1]。

自《威尼斯宪章》规定"传递古迹真实性的全部信息是我们的职责，必须尊重文物在每一个阶段历史对其造成的影响"以来，"真实性原则"已正式成为文化遗产保护领域中的一项重要原则。随着人们对文化遗产保护认识的不断加深，后来颁布的《奈良真实性文件》《实施〈世界遗产公约〉操作指南》等也对真实性原则进行了更进一步的补充和深化。

7.1.3　维护文物的完整性

目标三，尽可能保持文物的真实性。真实性通常是针对文物的某一方面而言，而完整性则是"全部真实性的总和"或"全面的真实性"[2]。大多数情况下，留存至今的文物由于破损，与其始态相比可能是部分完整，部分真实性已丢失。这时文物所能提供的所有真实性，就是文物现状所能提供的文物完整性。虽然文物已经破损,但仍具有重大价值,因此对其保护时不能丢失或遗漏文物的完整性。完整性的现实意义有哪些?对文物形成完整性的正确认知是做好文物修复工作的前提条件,亦有助于加深对文物修复意义的理解和修复程度的把握,自觉维护不改变文物原状和可辨识原则。

文物保护三大目标的核心是保护文物的价值,那么文物价值与三大目标有何关系?文物实体稳定才能保护文物价值、延长文物寿命。文物实体稳定是防止文物材料、形状等发生改变的重要前提,一旦文物实体不稳定,就意味着文物实体材料发生腐蚀降解和残损,导致形状、颜色、花纹和文字漫漶不清或不可识读,使文物历史、艺术和科学价值受到极大破坏,进而影响文物的真实性和完整性。

因此,保护文物实体的稳定性、文物真实性和文物完整性是文物保护工作追求的三大目标,三者关系是并列的,也是关联的,同等重要。文物的真实性和完整性能否得到有效维护依赖于文物实体的稳定,因此文物真实性和完整性受到干预程度的大小,可以用于作为判断文物保护成功与否的评价指标。

总之,文物保护三大目标是与其他学科的研究目标最主要的区别,十分清晰地体现了文物保护文理交叉的学科特点,是用理科研究思路和手段实现文科目标。

7.2 考古发掘现场文物保护研究

本书3.7节已对考古发掘现场文物保护的理念与实践进行了详细阐述,在对考古发掘现场经常遇到的技术问题进行归纳、总结的同时,进一步明确了考古发掘现场文物保护的主要目的,即在保留出土文物资料的完整性和现场保护技术措施不影响实验室后续保护处理和考古研究的两大前提下,使得发掘出土的文物在从出土现场到实验室这一特定的时间段,得到妥善地维护。要想实现上述目标,需要从考古发掘现场特点出发,实施一整套相应的现场保护技术,如采样技术体系、信息记录技术体系(包括检测技术)、应急保护技术体系(包括提取技术体系,具有保湿、缓冲、防震、防颜料黏附的包装和运输技术体系)。本节主要以泗阳汉墓考古现场的发掘实践为例,提出了一些对于现场文物保护研究的思考。

我国近十年以来共推进了8800多项考古发掘项目。长期埋藏在地下的文物已处于一种相对稳定的状态,随着考古发掘的出土,由于其自身材质的缺陷和埋藏环境中各种腐蚀因素的共同作用,再加上墓室坍塌等因素的影响,大多出土文物的状态都非常孱弱。考古现场文物的科学保护就是在考古发掘现场,第一时间对出土文物进行抢救性保护的一系列工作的统称。长期处于相对稳定的状态的文物,随着考古发掘出土,周围环境(如温度、湿度、氧气含量和光照等)发生了巨变,如果不及时进行合理的现场保护,有时会给文物带来毁灭性的伤害,如彩绘变色、有机物碳化等。考古发掘现场文物保护工作的好坏直接影响到后续文物保护的最终结果及后期的考古、文物等方面的研究工作。

2002年底,南京博物院在泗阳三庄的汉墓考古发掘,动员了大量保护人员参加,笔者有幸参与了现场保护工作。泗阳三庄的汉墓发掘出土了大量木俑、木马、木构建筑部件及少量漆器,部分木器绘有彩绘(见图7.1—图7.6)。出土文物糟朽非常严重,质地十分脆弱。因此,我们首先进行取样,采集的样品有:墓葬周围和墓葬内的土质、地下水,棺椁和木漆器的木质,漆器的漆皮,粮食颗粒,丝线及纺织品等数十个样品。鉴于当地的气温很低及出土物多为木漆器的实际情况,因此现场保护着重解决的问题是木漆器的防冻、脱水开裂、漆器漆皮脱落和运输过程中的防损伤。木漆器长期浸泡在水里,吸收了大量水分。经初步测试,其含水率约为400%—600%,如不及时处理,一旦游离态的水结成固

图7.1 泗阳三庄汉墓现场图[3]

图 7.2　古墓出土时的情形[4]

图 7.3　出土的镶宝石漆器[4]

图 7.4　出土的漆盒[4]

态的冰之后,将因体积增大引起文物冻裂。出土的木漆器在经过简单清洗之后,被喷涂了含多元醇的防冻和保湿剂的溶液(高温、高湿气候条件下溶液中还应加入防腐剂)。这些化学材料极易清除,不会对实验室的后续处理产生不良影响。

图 7.5　出土的马蹄形漆盒[4]

图 7.6　出土的张氏漆盒[4]

此外,考虑到木漆器上的彩绘和漆皮不能有丝毫的磨擦,我们采用了三层包装的方式,紧贴文物的第一层,用柔软性优良的宣纸贴附,用宣纸包装的优点是,既能保湿,又不会产生滑动磨擦,对易脱落的彩绘和漆皮的保护十分有益;第二层用潮湿海绵包裹,潮湿海绵具有保湿和缓冲压力的双重效果;第三层,也就是最外层,用塑料薄膜包装,密封以防止水分挥发。现场出土的许多长条形的木漆器,横截面小(长度:50—120 cm,横截面直径:2—10 cm),质地脆弱不堪,运输过程中轻微受力,即会断裂。此类器物有:车辐、车轮、车马器上的伞盖、木俑手持的兵器、马腿、木俑和建筑模型木构件,在现场我们使用三夹板进行托垫或夹裹,然后外加三层包装,包装形式同上,也取得了令人满意的效果。

在文物的运输过程中,震动是不可避免的,震动会使物体受力,易造成运输损伤。研究发现,运输过程中震动的方向与车辆行驶的方向是平行的。因此,文物包装箱在车辆上摆放的方向,应与易损坏的方向即车辆行驶的方向呈 90°,这样可以最大限度地减少物体的受力。此外,我们还在包装箱内加入了大量的稻草(这是现场唯一可以获取的缓冲填充物)。

所以,现场保护技术实际上是经验和理论的结合,方法因文物而异,我们反对教条式地搬用方法,提倡具体问题具体解决。

但是即便如此,在考古发掘现场,我们的文物保护工作仍然面临许多难以解决的难题,我国每年有数万件文物出土,当一个埋藏的考古遗址被揭露之后,常会发现某些谷物、纺织品等文物颜色快速发生变化,木器、漆器类文物迅速开裂、崩解甚至成为碎片,几乎没有实施保护的时间。因此,开展考古发掘出土现场文物的保护研究十分必要。欲解决考古出土文物现场保护问题,首先要清楚考古发掘现场文物保护的主要任务是什么,其次要知道难点在哪里。

考古发掘现场的特点是什么? 一是考古发掘现场没有标准的文物保护实验室,大多数考古发掘现场的实验室条件简陋,实验室环境条件无法控制,缺少大型的精密检测仪器;二是出土文物刚刚经历了从出土环境到现场环境的突变,文物损坏、色彩蜕变迅速,留给保护人员的实施保护处理的时间很短。上述情况决定了现场保护技术是应急性的,具有"快"和"稳"的特征。"快"是和文物出现的快速变化抢时间,尽可能快地对出土文物进行应急处理,使文物在完全损坏和蜕变之前得到有效保护。"稳"是使文物状态稳定,尽可能使文物出土时的状态得到维护,以抑制文物实体发生的快速变化。

满足上述技术要求,笔者认为最大的难点有两个:第一,原埋藏环境难以维持。文物在地下埋藏了数百上千年,在埋藏环境中已处于稳定状态,如果能够在出土现场维持出土文物所处的原埋藏环境条件不变,文物快速损坏、色彩迅速蜕变的现象就能得到抑制。第二,将埋藏文物取出(现场出土文物的提取)困难。埋藏出土文物往往质地脆弱,轻微触动就会崩解,稍有不慎,取出的就都是文物残片,有些体量大的文物提取难度更大。

综上所述,考古发掘出土文物现场保护面临的两大难点是制约考古发掘出土文物现场保护的瓶颈,应该成为出土文物现场保护研究的主攻方向。

7.3 文物修复中"修"与"复"的关系

大多数文物实体经历数百上千年的风风雨雨,损坏严重,常出现残破、变形、开裂和褪变色等病害。文物破损、变形、褪色及变色,失去了文物应有的美感,无法彰显文物的珍贵价值。因而要对破损文物实施"补""矫形"和"随色"等技术手段进行修复。当然,文物修复还是要在文物保护的理念和原则指导下进行,如文物修复应遵循尽量少更换原构件材料的原则,尽可能维持原构件的质地、成分和颜色不变,尽可能多地保留原构件;要尽可能使用原材料和原工艺,力求保持与原先风格的一致性,满足文物实体结构完整和外观的和谐统一要求。

文物修复中的"修"与"复"是有区别的,文物修复存在主观和客观两个层面,"修"属于技术层面,是客观的,修的方法包括修复材料和工艺,以及修复技巧,是看得见摸得着的。"复"属于思想层面,是主观的,是对修复效果的思考。"修"是"复"的思想的实践,是实现修复目标的方式方法。"复"在先、"修"在后,"复"是一个思考过程,俗话说,想好了("复"的思考)再动手("修"的实施),思考出了问题一定会修错,达不到理想目标。一般情况下,除了技术掌握的熟练程度的差距外,造成不同修复师文物修复水平差距的更多的是"复",是思想认识上的问题。"修"的水平只是在文物修复的精细程度上,而"复"的评价更多的是在文物修复后的文物"神"与"韵"方面。

对于某些破损文物,经过"复"的思考之后,修复师认为不需要进行技术修复,这是不是也是一种修复呢?是的,即不修复也是一种修复,当然是经过思考后的不修复。通常情况下,文物修复传承包括两方面内容:"修"的技术传承是单调的、简单的,只是技术的经验要靠练习积累和自身的悟性;而"复"的思想传承没有固定的范式,常常说不清道不明,传承难度极大,但却往往受到忽视。修复师的修复思想不仅要通过学习领会,更需要研究把握。师傅常批评徒弟说

"我见过的都是那样修的,你怎么给修成了这样?"这句话有很深的含义。"那样"是指文物的典型特征,如工艺、造型、颜色等,是通过许多细节体现出来的"那样"。因此,被传承人一定要勤问、多研究,脑海中才会有"复"那个愿景,才可能修出师傅说的"那样"。

所以,在文物修复的过程中,总体来说,是"复"的思想,指导"修"的具体技术的实施。对于这种"复"的思想,我们也可以称之为文物修复理念和实践目标。修复理念实际形成于20世纪初的欧洲,意大利专家布兰迪总结撰写的《文物修复理论》一书,它标志着意大利派的形成,现在已成为国际上主流文物修复思想。随后出现的《威尼斯宪章》明确限制了文物修复的范围。而在中国,尽管文物修复工作开始得很早,但有关文物修复的理念体系却迟迟没有被构建出来,但这并不意味着国内文物修复就是一盘散沙式的胡乱操作,中国文物修复界有着自己的规距,所谓"整旧如旧"即是最常用的准则之一。

中国文物修复讲究的是在文物原本样貌之上通过矫形、补残、随色做旧等手段使所修文物外观得以复原。这与西方追求的科学性、可辨识性、最小干预性等有着较大的不同,但二者孰胜孰负,哪一种在文物修复上更胜一筹,还需要在实际工作中来定夺。随着中西交流与相互学习增多,如今的文物修复工作常常是兼取中西方理念之妙,并结合修复者自己的认识和理解来进行的,由于修复者的个人认知与操作能力上的差异,文物修复达到的效果也会有所不同。

因此综合来看,影响文物修复理念的因素有国外理念、国内传统以及文物修复工作者个人水平及风格等。对于未来的文物修复理念发展,中西结合仍将是不变的方向,同时我国与文物相关学科正处于迅猛发展的状态,为文物修复提供着源源不断的人才,保证了文物修复工作者的高知识、高学历、高水平,可以预见的是在未来国家对这方面优秀人才的培养仍旧不会减少。

同时,经过资料梳理,笔者发现文物修复的发展趋势呈现出以下三大特点:第一,文物修复理念呈现出中西交融的特点,并将随着全球化的发展进一步相互学习与融合,从而产生更为科学、可靠、先进的文物修复理念;第二,国家加大对于文博相关学科的建设,以及材料与分析技术快速发展,培养的文物修复专业人才能力和水平将有很大提升,未来文物修复方向的人才培养力度仍将不减;第三,文物修复技术更加高科技化,以CAD(计算机辅助设计)、色差计以及3D打印技术为代表的高科技电子信息技术将越来越多地被开发出来并应用于文物修复工作中[5]。图7.7—图7.10展示了中西方文物修复工作的不同。

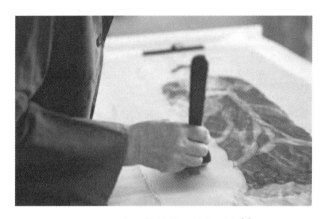

图 7.7　中国传统书画修复过程[6]

图 7.8　中国传统书画中纸张残片的修复[6]

图 7.9　大英博物馆亚洲书画修复室工作照[6]

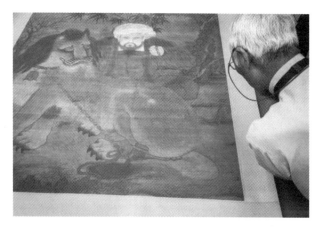

图7.10　大英博物馆亚洲书画修复室工作照[6]

7.4　文物修复中"自然现象"的保护修复对策研究

文物中很多现象是自然形成的,产生过程是人无法控制的,如瓷器上的釉层开片等。依据中国传统文物修复的观念,文物修复时经常需要再现与自然影响相同的效果,文物修复人员需要在文物修复补配部位人工模拟出这样的自然现象,以求修复补配部位与原文物在实体在视觉上大体一致。中国的修复师认为,经修复过的文物越是接近文物的"原貌",越是彰显修复师的水平。所以,以假乱真的修复效果成为了修复师们孜孜不倦的追求。当然,近年来随着西方文物保护理念的传入,我国的修复师现在也在某种程度上接受了"留白""可辨识"等修复概念,但传统的修旧如旧目前仍是我国文物修复的主流理念。

什么是文物修复中的自然现象？文物实体在制作、使用、埋藏和保存过程中,由于外界因素的影响,发生物理、化学或生物变化,产生了视觉上(或借助于放大镜)可观察到的,且人为无法控制的色彩、形貌等方面变化的特殊现象。

文物修复中的自然现象是如何形成的？自然现象形式多样、种类繁多,因文物质地而异。自然现象的形成,一是文物制作过程中因特殊工艺而形成的,如纸张的帘纹、瓷器釉层开片、绞胎纹饰、青铜器上的范线等;二是文物使用过程中形成的,如纸张和纺织品的折痕、虫蛀霉斑、各种污渍(油渍、茶渍)等;三是文物收藏和埋藏过程中形成的,如金属器物的各种锈斑、木漆器漆膜的裂纹、杂色锈斑(土坑墓出土青铜器)、多层锈(出土青铜器内层红锈外层绿锈)等。上述自然现象的影响主要表现在文物实体外观色彩变化和形貌改变两方面。色彩变化,如色相的变化、明度降低、发暗、出现杂色(由污染和变色反应产生)等;形貌改变,如表面裂痕、表面出现颗粒状物、表面轻微凹凸不平、起毛、破损等。这些自然现象有的是物理过程,如裂隙的生成、折痕;有的是化学过程(有新物质生成),如锈蚀;有的是生物过程(有生物活性物质参与),如霉斑。

文物修复中怎样再现与自然现象相同的效果?有些自然现象通过人工模拟较容易实现,如折痕、污渍。但大部分自然现象的人工模拟,很难达到令人满意的效果。迄今为止,对于文物修复中的自然现象,在修复中多采用的是人工模拟的方法,其模拟的结果受修复师水平影响较大,不同修复师的修复效果差异显著。即使是高水平的修复人员,修复模拟的自然现象也经不起仔细观察(细看),总感觉有些"不自然",如瓷器的釉层开片,修复时往往用手绘的方式,模拟开片的效果,尽管高水平的修复师手工绘得"像极了",但在放大镜下(有时不需要放大镜)观察,很容易发现手绘的痕迹,总感觉不那么自然。对于此类人工模拟难以达到满意效果的自然现象,可以利用能够产生同样自然现象的其他材料代为实现。

对文物修复涉及大多数自然现象而言,笔者认为相关理论研究已经十分深入,在此基础上寻找一种解决方法实际上也是可行的,只是需要对材料和工艺开展深入研究。

本文以开片瓷器修复为例加以说明。古代瓷器釉层开片有"Y""T"和"Y与T混合"三种类型,如图7.11所示。

图 7.11　古代瓷器修复的三种类型

从左到右分别为"Y""T"和"Y 与 T 混合"

修复时如果采用手工绘制很难体现自然开片的效果。实际上在20世纪五六十年代,硝基裂纹漆就已经开始生产和使用[7]。中国科学技术大学的黎畅尝试将该涂料的自然开片理论应用于开片瓷器修复,取得了良好效果,修复的开片纹饰较手工绘制显得线条匀称、自然(见图7.12)。具体研究过程可参见相关论文[8]。

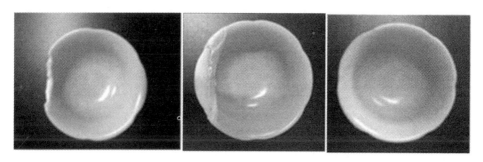

图7.12　利用自然开片方法修复开片瓷器[8]

从某种意义上来说,文物修复师就是在给文物"化妆",化妆是一门艺术,但文物修复不仅是艺术,同时还是科学。人工模拟(手绘)与自然模拟的最大区别在于,大部分的自然模拟一定是利用某种科学原理的模拟,而人工模拟基本上都是由单纯手工完成的。

7.5　可重复性在文物保护实验中的地位和作用

2016年,河北科技大学韩春雨在《自然》杂志的子刊《自然·生物技术》发表了轰动世界的学术论文《利用格氏嗜盐碱杆菌核酸内切酶实现DNA引导的基因组编辑》,该论文中提出的基因编辑方法被认为是重大科学发现,具有划时代的意义。但随后不久澳大利亚遗传学家盖坦·布尔焦(Gaetan Burgio)率先公开质疑韩春雨论文的实验可重复性,由此引发了国内外多位科学家要求韩春雨公布原始实验数据或"自证清白"。[9] 由于韩春雨未能证实其实验的可重复性,2017年8月,该论文因未获得可重复的实验支持而撤稿。韩春雨的研究工作可能存在两种情况:一是偶然发现,因未能掌握真正的实验条件(包括污染等不确定因素影响),因而没有能够重复;二是实验数据造假。笔者更愿意相信是第一种情况。

何为实验的可重复性?一般来说,是指在相同实验条件下要有足够的重复观察次数(并非每一次都能重复相同的结果,但在若干次的实验中,能够重复的次数应有相当高的比例),以及任何实验结果的可靠性应经得起独立实验重复的考验这两个方面。研究实验具有可重复性,说明它遵循了这个实验中的必然规律,而不是偶然发生的。而遵循客观规律的实验结论也必然是可靠的、科学的[10]。可重复意味着实验者对实验条件和影响实验因素的掌握程度较高,就像能够熟练驾驶汽车一样,也意味着其了解了实验背后起关键作用的自然规律。

文物保护实验为什么要有可重复性?文物保护实验与其他科学实验一样,为保证科学研究的可靠性,研究实验须具有可重复性。文物保护实验是文物保护专业人员了解文物实体稳定性(结构稳定性和材质稳定性)、文物实体病害发生、保护材料作用和保护效果评价,以及文物保护科学规律的发现等的重要手段和主要途径。

可重复性虽然是科学实验的基本原则,但不能将其视作必要条件。具有可重复性的实验结论不一定为真,不具备可重复性的实验数据未必为假。可重复性同时承载着对实验结果裁判的作用,可以使其他研究人员能共享研究成果,亦是避免实验结果的偶然性,防止实验结论造假的重要依据,也是文物保护科学实验规范化的要求。

遗憾的是,迄今为止文物保护研究大多数实验都未强调可重复性,这大大降低了实验的可靠性,很多研究成果的证明材料都是由研究者自己提供的,缺少第三方重复实验数据,此种情况极大地降低了研究成果的可信度,也不便于研究成果的推广应用,更无助于发现实验中的科学规律。通常情况下,缺失可重复性的实验难以成为真正的研究成果,也难以获得广泛认可。

如何提高文物保护实验的可重复性?对于文物保护实验,影响实验可重复性的因素有很多种,如实验样品状态、实验计量的科学性、实验的次数(实验样本数量)。欲提高文物保护实验的可重复性,需做到以下几点:第一,必须对研究对象——样品、实验目的和实验原理进行深入了解;第二,应加强实验计量的准确性,这包括实验条件(环境条件、试剂浓度等)、样品状态(质量、尺寸、受损情况等);第三,应提高样品的均匀度,对于平行实验的多个样品,每个样品的成分组成、受损（老化）程度是否相同等均影响着样品的均匀度。因此，实验样品要精心挑选，平行实验的样品差异越小越好；第四，需增加实验次数（实验样本数量），实验次数足够多，就能够消除样品的个体误差，排除实验结果的偶然性，更能反映实验结果的趋势；第五，加强理论分析研究，如加强对文物实体材料的分子结构、孔隙结构、表界面等与文物保护实验结果之间的关系分析，寻找相关性及规律。对实验数据和现象的理论分析，有助于发现实验背后的自然科学规律。

7.6 书画装裱和旧裱

7.6.1 厘清书画原裱和旧裱的保护修复意义

我国每年需完成近千幅书画类珍贵文物的保护修复工作，通常都是采用传统的装裱工艺对残破的书画进行修复。此项工作的开展挽救了许多濒危古旧字画，为书画类文物保护作出了较大贡献。

虽然成绩显著，但遗憾依旧存在。大多数书画保护修复未能对书画装裱的品式进行认真研究，没有厘清拟修复书画保存现状是原裱还是旧裱，因而对装裱修复的品式的考虑较为随意，基本都是修复人员自己决定。所以我们所看到的保护修复后书画多数是单色裱（工艺相对简单，易操作）。为何要厘清书画的原裱与旧裱？所谓原裱，指的是书画绘制完成之后的首次装裱，原裱（品式和装裱材料）所承载的信息基本与画心处于相同时空，极有可能是作者亲自指定的，体现了作者个人的喜好，原裱与画作共同构成了作者创作的整体。古代有些书画家不仅会绘画，还会裱画，有的还能够自制墨和颜料。无论是自裱还是自制墨和颜料，均是作者为书画创作服务的，可见书画家对书画的品质追求是全方位的。由此可知，原裱具有重要的学术研究价值。如何鉴定原裱？其实原裱的鉴定并不难，稍有经验的装裱师都能通过折条、局条、接笔和全色等工艺痕迹，对其进行鉴定。当然，绝大多数古旧字画都经过了二次以上的重新装裱，原裱保存很少，鉴于此，原裱的价值更加凸显。那么什么是旧裱呢？顾名思义，旧裱就是过去装裱的品式，但不是书画的首次装裱品式，这是与原裱的区别之处。

书画装裱品式具有极强的时代特点，是书画研究的重要方面。宋代书画如果被装裱成现代品式，犹如给宋代人穿现代服装，看上去不伦不类，这样做既违背了作者原意，又丢失了书画部分重要价值。因此，进行书画保护修复之前一定要厘清现存的品式是原裱还是旧裱，并以此为依据，制定合理的保护修复方案。

书画类文物保护修复经常面临重新揭裱的问题，对于原装裱品式该如何处理，是去除还是保留？如果是原裱，由于原裱价值重大，毫无疑问其品式必须保留。若不是原裱，则要具体问题具体分析：第一种情况，现存品式与画心时代基本一致，如宋代书画用的是宋代的装裱品式，原则上应予与保留；第二种情况，若用的是明代或清代的装裱品式，即品式与画心时代不一致，则不应该保留，需研究选用别的品式。

选择什么样的品式才合适呢？笔者认为，原则上要符合三个一致。一是时代风格一致，宋代书画应按宋代品式装裱，这就是时代风格一致。正如前面提到的微博文章所述，宋代书画用宋代装裱品式如同宋人穿宋代衣服一样，符合逻辑。二是礼制等级一致，礼仪文化作为中华文明的核心内容，深深植根于中华文明的方方面面，是维系社会秩序与和谐、社会等级制度的重要保障，具有普遍化、规范化特点，这在书画装裱品式上亦有体现。例如，帝王画像，装裱时用料、颜色、镶料、天杆、地轴、图案等要用最高等级的，这才符合中国的传统文化皇权至上的思想，同样佛像的装裱品式也应该是高等级的品式。三是要与文物保护的原则、理念一致，在满足上述两个一致的前提下，装裱材料应与画心材料性能相匹配，在镶料材料色彩使用上对画心的干预应尽可能小。中国古代色彩使用以红、黄、青、白、黑为主，这五种色彩传统上称为正色，其他为间色，正色的确定与古代五行学说有关。这些色彩文化的内涵和理念也贯穿于书画装裱品式中，因此在装裱品式选择时不应有悖于这些传统文化的观念，否则会使传统工艺失去了传统特色。此外，书画装裱品式还应符合美学要求，达到品式与画意和谐统一。

对于古代（如宋代）传承至今仍未装裱的书画，是否要装裱呢？笔者认为可以用两种处理方式，一种是用宋代品式装裱，另一种是不装裱，画心就是这件文物的全部，不装裱是保持了文物原貌。所以，第二种处理方式应该是首选。

以［宋］艳艳《女史草虫花蝶图卷》（见图 7.13）为例，此件文物现藏于上海博物馆,画卷为绢本工笔重彩,是艳艳唯一的女史传世作品(画心纵32.5 cm,横333.5 cm),描绘坡地、湖石之间秋菊、萱花、海棠、秋葵等各种花草争奇斗艳,蝴蝶、蜜蜂、蜻蜓等昆虫在花间飞舞,花卉虫草刻画精细,设色细腻,娟秀淡雅,卷尾落款"艳艳画"。作品装裱为绢撞边手卷样式,画心首尾的宋代骑缝章所剩半印证明了装裱并非原裱,而从隔水、青天头所用花绫等装裱材料判断可能为晚清装裱。但是目前装裱不仅存在一定的历史价值,而且其主要呈色为米黄色与绿色,整体感觉淡雅清新与画心相得益彰,故工作人员在书画修复过程中依循文物的最小干预原则选择了对旧裱进行保护性修复[11]。

图7.13　[宋]艳艳《女史草虫花蝶图卷》绢本设色(上海博物馆藏)[11]

吴昌硕篆书对联(见图7.14)书写在两张大红洒金笺上(画心尺寸均为纵202 cm、横42 cm),裱件为一色对联样式,湖绿色花绫镶接,民国时期装裱。现有装裱为对联原裱,与对联风格样式统一,故在修复时选择保留原裱的花绫,而对老化严重,已经无法起到支撑和保护作用的原覆背和原包首进行更换,并按照文物修复的真实性原则尽量选择与原裱相同的材料与样式[10](见图7.15)。

图7.14　对联装裱修复前[12]

图 7.15　对联装裱修复后[12]

为了使书画在修复之前能够评估选用装裱品式的效果,中国科学技术大学开发了传统书画装裱设计软件,获得了中华人民共和国国家版权局计算机软件著作权(传统书画装裱软件 V1.0,登记证书 2017SR339921)。该软件实现了通过模拟书画装裱品式,预览修复效果的目的。

7.6.2　书画装裱相关研究案例

立轴书画是中国书画装裱的一种款式,是中国传统书画中最常见的装裱形式(品式)。立轴展开并悬挂便于观赏,收卷起来则便于存放,占用体积小。但是在博物馆、艺术馆中,立轴书画展览时常出现两侧边缘卷曲,形状类似瓦形,俗称"起瓦",此种变形是由装裱书画受力不平衡所致,影响了书画的展示效果。

以下是几种立轴书画装裱的范例：

图 7.16 自左往右分别是：一色裱，两色裱，三色裱，斗绫裱，纸镶绫边裱，纸镶绢边裱。

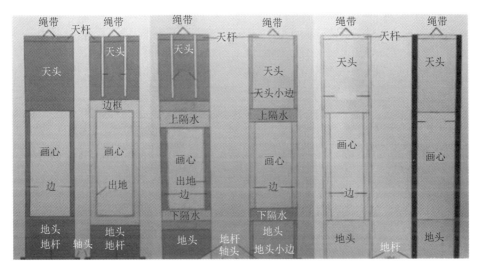

图 7.16　几种立轴书画装裱范例[13]

图 7.17 从左往右分别是：框二色裱，宋（宣和）式裱，诗堂裱，集锦裱，锦眉裱，间隔一色裱。

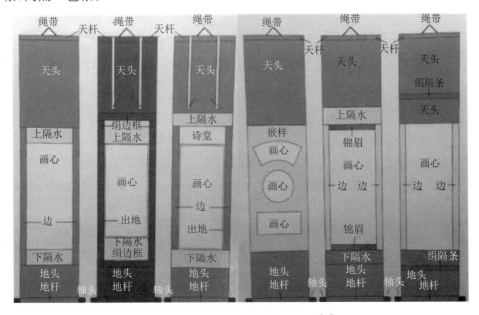

图 7.17　几种立轴书画装裱范例[13]

单立轴的裱画形式比较常用的就是以上几种,以下四幅图片是一些装裱后的立轴图片(见图 7.18—图 7.21)。

图 7.18　装裱后的立轴书画[13]

图 7.19　单立裱诗句题字[13]

图 7.20　单立裱对联图[13]

图 7.21　单立裱春联图[13]

书画装裱是将画心进行托裱,然后使用托裱丝织品进行镶接,对镶接丝织品的双层画心粘贴覆被纸,最后安装天杆、地轴,制成完整的立轴书画。从装裱过程可知,装裱书画是由多层纸张或丝织品粘贴而成的。同时,纸张和丝织品均为湿度敏感材料,当含水量发生变化时,材料尺寸会发生较大的变化。不同伸缩率的纸张和丝织品在环境湿度发生变化时,尺寸伸缩程度不同。因此,装裱书画在环境湿度变化时会产生一定程度的卷曲。一般而言,展厅环境的湿度过大或过小、装裱技术不足等是书画卷曲起瓦的主要原因。

装裱书画有多种品式,其力学行为亦有较大差异。迄今为止,由力学行为导致的装裱书画变形研究鲜有报道,博物馆等文博单位缺少力学等相关专业人员,所以文物的力学病害研究一直无法开展。中国科学技术大学科技史与科技考古系周昱君博士,以立轴书画为研究对象,采用较为先进的数字图像相关法(DIC)对立轴书画的力学行为进行了较深入研究[14]。其研究思路为:按照传统装裱技法制作立轴书画,采用数字图像相关法(DIC),测量立轴书画幅面的变形情况。通过在地轴上加载重量的方法模拟加速立轴书画的卷曲变形,以研究天杆变形与书画卷曲变形之间的关系,并通过改变挂绳位置的方法,探索减小立轴书画幅面整体变形的最佳方法。

立轴书画的天杆通常是较细的木质杆,由于地轴和书画具有一定的重量,立轴书画悬挂时,天杆会发生一定的变形。长期的悬挂使得天杆变形加剧,进而加剧了书画幅面和边缘的卷曲变形。立轴书画天杆上通常有挂绳,通过挂绳将书画悬挂于墙上,此时,挂绳的位置不同,天杆的弯曲程度则有一定的差异。如果我们仔细观察就会发现,即使立轴书画边缘卷曲微小,整个书画幅面内也会出现明显的凹凸起伏,这表明天杆的弯曲可以引起并加剧书画幅面的不平整程度。从理论上来说,天杆刚性增强可以减小变形,同时,悬挂时采用垂直悬挂可以减小变形的程度。随着文物修复和保护理念的引入,新材料的使用可以增强天杆刚度,以减小变形,在一定程度上解决天杆弯曲对画幅变形的影响,笔者期待相关研究人员能尽快研发适宜装裱书画的专用天杆。图7.22—图7.24为立轴书画的天杆。

此项研究从装裱书画中与力学行为相关的科学问题入手,立足立轴书画"受力",探讨了立轴书画卷曲起瓦的原因和解决方法,研究成果为装裱书画病害研究与防治开辟了一条新的途径。

图 7.22 天杆制作中的原料木制杆

图 7.23 天杆制作的一般规格

图 7.24 立轴书画的成品天杆

DIC（digital image correlation）技术又称数字图像相关法，是将研究对象变形前后的两幅数字图像进行比较，通过相关计算获取图像各部分的变形信息，然后建立某种函数关系，实现变形过程中物体表面的三维坐标、位移及应变的测量。

参 考 文 献

[1] 谢博.从真实性原则看文物保护修复[J].文艺生活·文海艺苑，2015(1)：256.

[2] 龚德才.谈谈文物的完整性[EB/OL].[2019-12-06].https://weibo.com/7265470834/ljw3hiBmi.

[3] 今天，泗阳正式向全世界发出邀请![EB/OL].(2021-11-10)[2023-02-09].https://m.sohu.com/a/308305471_264373.

[4] 二十年前，江苏挖出千年大墓，出土漆器令人惊艳，墓主人身份成谜[EB/OL].(2021-04-21)[2023-02-09].https://baijiahao.baidu.com/s?id=1697652417888812398.

[5] 张伟.文物修复发展方向浅析[J].中国民族博览，2016(7)：211-212.

[6] 书画"郎中"：大英博物馆亚洲书画修复室[EB/OL].(2017-08-08)[2023-02-09].https://www.chinaqw.com/zhwh/2017/08-08/156651.shtml.

[7] 佚名.涂装工艺(2)：裂纹漆[J].现代涂料与涂装，2004(5)：60.

[8] 黎畅.古代开片陶瓷与可用于开片陶瓷修复的现代裂纹材料的应用性研究[D].合肥：中国科学技术大学，2017.

[9] 闫坤如，李光.对科学研究中实验可重复性的反思[J].长沙理工大学学报(社会科学版)，2018,33(6)：1-6.

[10] 沈颖.科学实验之道[M].杭州：浙江教育出版社，2019.

[11] Yujun Zhou，Decai Gong. The Influence of Tian Gan Deflection on the Flatness of Hanging Scrolls in Chinese Painting and Calligraphy. Studies in Conservation，Published online，2020.1.8.

[12] 沈骅.书画文物原装裱保护性修复：以《宋艳艳女史草虫花蝶图卷》为例[J].文物保护与考古科学，2021,33(5)：71-77.

[13] https://baijiahao.baidu.com/s?id=1626694814952576462.

[14] 沈骅，徐文娟，裔传臻.吴昌硕篆书对联保留原裱绫的修复[J].文物保护与考古科学，2020,32(2)：64-72.

后　　记

　　《文物保护新论》一书是国家科学技术学术著作出版基金项目。我出版过《文物保护基础理论》，之后我继续对行业内诸多问题作了深入的思考，所思所想基本都动笔成文，且通过微博共发表有80篇文章，总计15万多字，并以此为基础，逐渐打磨、思考，遂形成《文物保护新论》一书。原微博文是为了让行业内和行业外的读者都能看懂，所以写作方式通俗易懂，微博的语句略显有点"俗"，少了学术"味"，但并不影响书中述及的学术思想。书中表述以学术观点说明白为主要目标，行文略"俗"还请读者谅解。

　　需要强调的是，书中的观点仅是本人的一家之言，难免存在错误或遗漏。但总体来讲，书中谈及的众多文物保护行业内问题是真实存在的，也是亟待解决的，如文物保护基础概念模糊不清，缺乏专业术语体系，领域内科学问题、技术问题和工程问题没有厘清等，特别是文物保护的学科建设问题十分突出。这些问题严重影响了专业人才培养，制约了行业发展和能力提升。针对上述问题，我在书中给出了自己的观察思考，并尽可能提出相应意见和建议，供大家参考。同时，我殷切希望文物保护领域内专家学者，以及社会上有识之士能够给予关注，共同努力将我国的文物保护事业推升至新的高度，以适应现阶段国家文化战略发展需求。

后　记

如果说已出版的《文物保护基础理论》是本人十多年来对文物保护领域基础研究思考的结晶,那么《文物保护新论》则是我从业近40年对文物保护若干问题思索和探寻的成果。我国的文物保护事业从起步到发展,直至今天的辉煌,已走过了大半个世纪,一方面成果十分丰硕,另一方面不足之处也非常明显,如果能够克服不足,相信我国的文物保护事业将更加辉煌。

在《文物保护新论》撰写过程中,本人的科研团队发挥了很大作用,龚钰轩、胡佳楠、汤雨眉、杨旭鹏、张津鑫、乔成全、钟博超、于晨、胡霜晴、周光昭、潘永康、成维智、管若琳、董佳豪、黄永冲和宋英萃同学等参与了资料搜集或讨论。正是由于团队的努力,才使本人能够完成这样一项费时费力的工作。

时光飞逝,本人到中国科大已有十多年了,其间写了三本书,每一次写作都是自身能力的一次提升,有辛苦,也有遗憾,但想着能够为文物保护事业做点事,看着完成的书稿,依然心存悦目娱心之感。

龚德才
2023 年 4 月